会表达　就是
说话让人舒服

牛津 著

真正的说话高手，既能表达清楚自己的意思，
又能兼顾别人的感受，让别人感觉舒服。
这才是情商高。

你让人舒服的程度影响你所能抵达的高度，
说话的魅力是你自己的品牌。

中华工商联合出版社

图书在版编目（CIP）数据

会表达就是说话让人舒服 / 牛津著. -- 北京：中华工商联合出版社，2019.1

ISBN 978-7-5158-2446-8

Ⅰ．①会… Ⅱ．①牛… Ⅲ．①语言艺术－通俗读物 Ⅳ．①H019-49

中国版本图书馆CIP数据核字(2018)第299697号

会表达就是说话让人舒服

作　　者：	牛　津
策划编辑：	胡小英
责任编辑：	李　健
装帧设计：	润和佳艺
责任审读：	李　征
责任印制：	迈致红
出版发行：	中华工商联合出版社有限责任公司
印　　刷：	大厂回族自治县彩虹印刷有限公司
版　　次：	2019年5月第1版
印　　次：	2019年5月第1次印刷
开　　本：	880×1230mm　　1/32
字　　数：	200千字
印　　张：	7
书　　号：	ISBN 978-7-5158-2446-8
定　　价：	42.00元

服务热线：010-58301130
销售热线：010-58302813
地址邮编：北京市西城区西环广场A座
　　　　　19－20层，100044
http://www.chgslcbs.cn
E-mail：cicap1202@sina.com（营销中心）
E-mail：gslzbs@sina.com（总编室）

工商联版图书
版权所有　侵权必究

凡本社图书出现印装质量问题，请与印务部联系。

联系电话：0316-8863998

好好说话，自己舒服，他人也舒坦

坐在窗明几净的办公室里，我在思考这样两个问题：好好说话这件事真的有必要吗？究竟什么是好好说话呢？很快，我便找到了答案：好好说话真的很重要，重要到直接和情商挂钩；其次，好好说话是一项愉快的交流互动，自己舒服，他人也舒坦。

想必很多人应该都有这样的感受，在身边总有那么几个人，跟他在一起说话感觉特别舒服，但是也有那么几个人，即使是在说一些好听的话，也觉得十分别扭。仔细想想，他们在讲话内容上并无太大区别，只是因为讲话方式不一样，所以给人的感觉也不一样。

举一个简单的例子：

A和B两个好朋友在客厅一起看电视，场景设定为A感觉有点口渴，想要找水喝。

情形一：

A：有点口渴了，我要去倒杯水喝，要不要给你也带一杯？

B：好的，谢了。

B觉得A真好，时时刻刻都能替他人着想，真是一直想和A这样的人相处呢！

情形二：

A：有点口渴了，能帮我倒点水吗？我的腿麻了……

B：哈哈，给你倒水去。

B觉得A看电视能把腿看麻实在是有趣，于是高高兴兴地去倒水了。

情形三：

A：渴死了，快给我去倒杯水。

B：渴了不会自己倒！

B翻了一个大大的白眼去倒水了，其实心里还是有点不爽的。

情形四：

A：我都快渴死了，你都不知道给我倒杯水吗？！
B：你自己去倒啊！

听到A这么说，B心里很不爽，口渴了自己不会倒？还埋怨起自己来了，索性直接怼了回去。

上面四组对话，内容其实是一样的，都是A渴了想喝水，但在与B沟通的过程中，不同的说话方式直接让B有截然不同的感受和回应，由此可见，沟通中的语言是需要我们去细细琢磨的，同样一句话，用不同的方式说出来，所表达的意思可以相差十万八千里。

那么，好好说话究竟是怎么一回事呢？如果把说话比作一场游戏，那么好好说话就是一场非常放松的沙滩排球，在这场游戏中，每个人都有发球和接球的机会，相当于说话和接话的机会，而好的球手，即好的谈话人，总是知道怎么击球让别人更容易接住。而如果是一场糟糕的排球游戏，球手不是漏接就是把球打到奇怪的方向，甚至还会把球打到界外，导致其他人不得不费劲去救球。

我们常常说要学会取悦自己，却很少说取悦别人，好好说话就是适当地投放一些目光在别人的身上，让自己舒服，让他人也舒坦。

为此，本书谈了不少说话之术，分别从职场、友情、亲情、爱情等角度提炼素材，对如何做到说话让人舒服进行了详细阐述，其间你会发现一些很有意思的话题。比如："老虎和狮子打架，谁更厉害？"对于这个话题，我会告诉你这样一个道理：避开那些浪费口舌且无意义的争论。比如，我会聊"损友"这个话题，其实是想告诉你朋友之间如何相处。再比如，我还用一些常见的梗来提醒你避免那些令人讨厌的说话方式，如"多喝热水"等。

当然，这个过程有些枯燥和缺乏趣味，所以我会派蘑菇头（简称蘑菇）——我的一个很好的下属兼小伙伴——去帮忙整理一些特殊的板块，传授一些说话的小技巧，比如说话抓人耳朵的几个小方法。除此之外，我还真诚地邀请蘑菇头讲述一系列案例场景，譬如，他会现身说法传授一些恋爱经验，如怎么和女孩聊天等。

总之，如果你坚持阅读，相信很快就能掌握书中的技巧和精髓，成为一个很会说话且温暖有趣的人。

目录
CONTENTS

Chapter 3

能让你在职场如鱼得水的办公室聊天术

Chapter 4

了解上司心理，大人物不只爱听恭维话

Chapter 5

别对下属端架子，放低姿态才聊得愉快

Chapter *1*

你这样说话，只会成为尴尬癌患者

好好说话的目的是不让自己尴尬，同时不让别人难堪。可是生活中总是有些人在说话这件事上栽跟头：

"在吗／睡了吗／你今年多大……"

"感冒？多喝热水啊。"

"我说话直，你别介意哦。"

"不是我说你啊……"

"你不懂……"

如果这些句子不小心戳中你的反感神经或情绪腺，那么接下来的内容有90%的概率会激发你的阅读兴趣哦！

说话太直，只会伤害人

打着性子直的旗号，理所当然地去伤害别人，是一种自私，也是一种缺乏教养的表现。

如果我猜得没错

生活里总有一些人，一句话就能怼到你怀疑人生。比如你买了一条很好看的裙子拿给朋友分享，朋友用鼻尖扫了一眼说："太难看了，特别俗气。"你想要拿出今年时装周的流行款式进行辩解，对方却忽然又来了句："我这人说话直，你别介意哈。"再比如，你对朋友说某某电影真好看，朋友却说："现在国产电影真的是低俗到爆炸，你竟然会觉得好看？"而当你准备拿着豆瓣9.0分的评论给他看时，他却说："你别介意啊，我这人就是直。"

如果猜得不错的话，此时你的表情虽然表现得颇为淡定，但是内心一定是极其抓狂的，一定是非常介意的。

实战案例

来自网友的吐槽（一）：

周末天气大好，和朋友相约一起去逛街，和朋友一块来的还有一个女孩子。在逛C&A时，我一眼就看中了一条很漂亮的长裙，准备拿去试试，正好被那位耿直女孩看到了，她说："我这人说话直，你别介意啊。"

我心里顿时"咯噔"一下，预感到会有让我不爽的事情发生。果然，还没等我反应过来，人家就来了一句："这条裙子太长了，适合那些个子高且比较瘦的女生，你太矮了，还是不要试了。"

你是在说我是矮冬瓜吗？没你高就是矮吗？说话直就有理了吗？你们一定不能想象当时我心里的火焰是几个颜色，简直要气炸了！

来自网友的吐槽（二）：

单位有一位奇葩男同事，一次下班后，有同事提议大家去吃烧烤，我那段时间一直在努力减重，于是就说："不吃了，吃烧烤容易发胖。"结果，那位耿直男孩却当着所有办公室的人来了句："本来就胖啊，怕什么。"我当时都要气炸了，更气的是，接着他还补了一句："我这个人说话直，不要介意啊。"

我能不介意？我不说话是给你面子，不想把同事关系弄得太僵，好不？真不知道这种人是怎么想的。

"我跟你说句话，你别生气。"听到这句话，接下来的话有90%的概率会让人生气。

　　"我这个人说话直，你别介意。"听到这句话的人，有99%的概率会介意。

　　在实际生活中，一些人总是以自己嘴巴直、性格豪爽为借口，来攻击、伤害别人，以期获得一种自我满足感。其实，这是一种自私且不懂礼貌的表现。

　　遇到这类人，我们可以毫不客气地怼回去，比如对方说："我说话直，你别介意啊。"你可以说："对不起，我介意。"如果对方说："有句话，不知道当讲不当讲……"你可以说："那你还是不要讲了。"

　　当然，说了这么多，我们并不是要讲对付这类人的办法，而是想通过对这类人的了解来给自己提个醒，提醒自己不要成为这种令人讨厌的人，为此，我们需要在不同的交际场合中学会拿捏尺度，掌握分寸感，切忌口无遮拦，想说什么就说什么。要记住，性子直是人格上的优点，千万不要使其成为攻击别人的借口和武器。

啰唆而乏味，你知道你在折磨人吗

> 简洁的语言中有着最伟大的哲理，好的语言并不在多，达意则灵。
>
> ——高尔基

啰唆的唐僧不讨人喜

在电影《大话西游》里，碎碎念的唐僧可谓是啰唆的形象代言人，很经典的一个片段是当孙悟空和他抢月光宝盒时的一段台词："你想要呀？你想要说清楚就行了嘛，你想要的话我会给你的，你想要我当然不会不给你的，不可能你说要我不给你，你说不要我却偏给你。"

这么长的一段话其实意思就一个：想要就直说，说了就会给。然而啰啰唆唆的唐僧却把很简单的一句话经过加工处理变成了一大段话，结果引得孙悟空勃然大怒。由此可见，说话太啰唆没有重点，很容易引起对方的反感。

实战案例

昨天和小A一起吃午饭，他告诉我他辞职了，而辞职的原因让我觉得有点匪夷所思——因为无法忍受搭档说话啰唆，各位读者怎么看？

事情是这样的，小A和同事B在一个项目组，同事说话有个毛病——喜欢啰唆，举一个简单的例子，每次开会同事B都要长篇大论一番，而且总是喜欢谈那些宏观的东西，所以本来10分钟就可以解决的问题，同事B可以讲上1个多小时，甚至有时候会议结束之后，小A完全懵了，不知道会议到底讲了什么。

而小A则是一个说话办事利索的人，很不喜欢与这种啰啰唆唆、拖拖沓沓的人共事，因为在小A看来，这是工作效率低下的表现。于是，小A果断辞职，说是想来我们公司和蘑菇头一起共事，你们觉得小A怎么样？

从一个管理者的角度来看，无止境的啰唆真的很折磨人，我曾经见过一个部门开会，整整从早上上班到晚上下班，除了开会一点实际性的工作都没做，更要命的是，很多人喜欢引申话题，本来应该解决的问题没解决，反而引出无数个小问题，更有甚者，开会根本不打草稿，一顿乱说，根本分不清哪句该听，哪句不该听，所以我是讨厌这样的人的。

说话啰唆不仅仅是一种坏习惯，更暴露了说话者的不自信和语言驾驭能力的欠缺，而且还会耽误时间，让听的人感到厌烦。

说话啰唆的几种表现

说话啰唆的人一般有以下几种表现：

1. 喜欢"炒冷饭"

同样的观点，第一个说的叫新鲜，第二个说的还可以接受，第三个会有点难以忍受，而到了第四个，就让人反感了。但是有的人偏偏喜欢"炒冷饭"，不是重复别人的观点，就是翻来覆去讲已经说过的话。

2. 说话没有层次、没重点

和这种人说话很费脑细胞，你时刻都要注意他到底在说什么，因为你根本不知道对方要表达什么。这类人通常喜欢用一套连接词打败你："首先吧……然后吧……其实吧……也就是说……然后吧……"

3. 把不住话题的方向盘

说话啰唆还表现在把不住话题的方向盘，总说一些与谈话主题风马牛不相及的事，比如喜欢引申话题。

4. 喜欢用长句子表述

两个字能说清楚要说成五个字，五个字能表达非要说十个字，拜托，就不能说得简单点儿吗？我可是很珍惜时间的。

5. 喜欢随意插话

打断别人说话本来就是一件不礼貌的事，何况是再加上这类词语，"我补充一下""哦，我突然想起一件事""刚才忘了说"……尤其是那些被你打断再也说不上一句的人，一定是斜着眼睛看你的。

克服啰唆的几点小建议

要想克服说话啰唆的毛病，下面的几点建议可以参考一下：

1. 词语筛选

在开口之前把要说的内容进行筛选、过滤，尽量用精简的话完整地把意思表达出来，同时注意，除了特殊强调，尽量少用连接词，如"然后""再然后""接着""其实"等。

2. 看人下菜

即根据不同的听者，考虑自己说话的内容，做到有取有舍，而不是一股脑把想说的话都说出来。

3. 理清思路

请在说话前花点时间把说话的思路理一下，比如哪些要重点表达，哪些要一语带过，要让话语显得清晰有轻重。

4. 紧扣主题

在一场谈话中切忌东拉西扯，谈些没必要的内容，而是应该紧扣主题，当然闲聊除外。

5. 避免重复

避免重复观点，尽量做到一次只表述一个观点，如果需要强调问题，可以换不同的方式去表述。

中文能表达，却偏偏要加英文

> 人们总会倾向于用最舒适的方式来与他人进行沟通，包含双语的转换，比如"准备一个presentation"，但是请记住，说话本身是一件让人舒服的事儿，而不是没营养的混杂。

你自以为很酷的说话方式

网络上曾经流传这样一个段子："这个project（项目）的schedule（安排）有些问题，cost（成本）偏高。目前我们没法confirm（确认）手上的resource（资源）能完全take（使用）得了。"

相信听到这番话的你一定已经产生了厌烦情绪，没错，好好的一句话用中文完全可以表达，为什么偏偏要加一些英文呢？

类似令人反感的中英文混杂还有："你的English很wonderful嘛。""你今天几点wake up的啊，早餐eat了没？""关于这件事呢，I think……""我看对面的饮料很cheap，一起去buy吧。"

如此说话让听者浑身起鸡皮疙瘩，可是偏偏有些人，总是以为这样很炫酷。

刚毕业的蘑菇头参加某家公司的面试，让蘑菇头奇怪的是，这些面试官在说话时都会夹杂一些英文，比如一个面试官是这样问的："当你遇到tough（困难）question（问题）时会怎样handle（处理）？"

而等到蘑菇头入职后，更是被这种典型的"外企语"惊呆了，比如一位留着小胡子，打扮得像是一位绅士模样的同事是这样说话的："Hi，Amanda，你帮我check一下这个文件好吗？""今天我schedule了一个appointment，所以你们不用wait我了。""Eason，去楼下帮我print一下这个文件，好吗？""Jackie啊，把明天的meeting帮我cancel掉，Thank U（此处拉长音）。"……而如果是见到蘑菇头，他会这么说："Hi，蘑菇，你今天look起来很不错……"

蘑菇头每每听到此，都像是吃了一口抹了芥末的抹茶蛋糕一样反胃，蘑菇头很不喜欢这样的公司氛围，所以很快递交了辞职信，之后便来到了我的公司。

其实，夹杂一些英文也是正常的。比如某些英文特定词汇如果翻译成中文会造成语义含糊，所以会直接引用英文，这样既表达准确又容易让人理解；一些新加坡、马来西亚的华人因为习惯性问题，在讲话时经常夹杂一些英文；在口语或是网络用语中夹杂一些英文可以言简意丰、新颖有趣，例如"你out了"；等等。

但是，那些本可以用中文好好说，却非要硬生生塞进个英文单词的行为就很值得商榷了，因为这样做不仅会毫无美感，还会给人做作的感觉，让人心生厌烦，而这类混用也可以被称为"没营养的混用"。

避开没营养的混用

为什么没营养的混用容易令人生厌呢？很简单，人人都喜欢优越感，所以对那些自认为比自己更优秀、更聪明的人往往存在着暗藏的反感，而没营养的混用大多是优越感的卖弄，对方当然会不高兴了。

这就给我们启发，在说话时可以夹杂英文，但一定要避开那些没营养的混用，并试着学会有营养的混用，来看下面两个例子。

例句一（没营养的混用）：

Hey，你在家吗？我later要attend一个meeting，but我的grocery马上到了，如果一会儿你stay at home的话，能不能帮我downstairs拿一下？Money还没pay，所以可以帮我pay一下好吗？我later转给你。

例句二（有营养的混用）：

Hey，你在家吗？我一会要去一个group meeting，但是我的grocery马上到了，你如果一会儿在家的话，能不能帮我下楼拿一下？钱还没有付，所以如果有的话可以帮我付一下好吗？我回家微信 transfer 给你。

谁让你是令人讨厌的话题终结者

> 有一种人生来就能把天聊死，只要他一个冷淡的眼神，一句不经意间的话，就能把整个场面冻住，这类人通常被称为"话题终结者"。

好奇心日报的一项调查

好奇心日报曾做过一项有意思的调查，调查人员就一个问题征集网友投票，截至投票结束，工作人员共收获了2792票，投票结果如图所示：

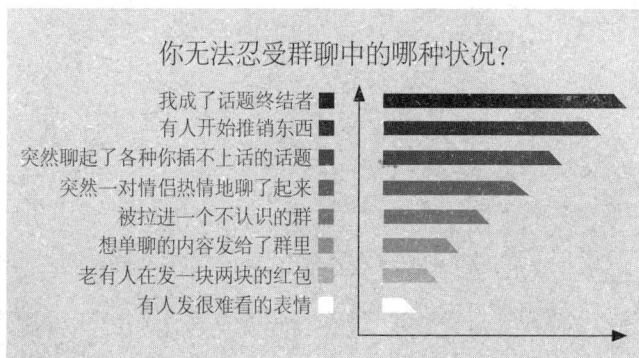

你无法忍受群聊中的哪种状况？

我成了话题终结者
有人开始推销东西
突然聊起了各种你插不上话的话题
突然一对情侣热情地聊了起来
被拉进一个不认识的群
想单聊的内容发给了群里
老有人在发一块两块的红包
有人发很难看的表情

很明显，"我成了话题终结者"成了大家最无法忍受的群聊状况，话题终结者真的那么让人讨厌吗？如果你不能理解，现在请想象这样一个场景：大家在群里聊得正火热，可是突然一个小伙伴说了一句话，而这句话就像是猛然投放了一大桶液氮一般，把气氛骤降至了冰点，隔着屏幕就能闻到尴尬的味道。没错，话题终结者就是有这样的能力，把话题聊向终结，把气氛搞到冰点。

实战案例

现在我们来讲一件悲伤的事：刚刚认识了半年的女朋友和小A分手了，据小A说，不是他们性格不合，也不是他们三观不符，而是因为女朋友觉得小A是个话题终结者。以下是小A和女朋友的日常聊天记录。

话题一：

女朋友：在干吗？

小A：吃饭呢。

女朋友：吃啥好吃的？（微笑表情）

小A：就饭啊。

女朋友：……

没聊两句，话题卒。

话题二：

女朋友：最近微博上×××话题炒得火热，你看了吗？

小A：看了啊。

女朋友：嗯，我觉得……你说呢？

小A：还好吧。

女朋友：……

话题很热但没聊两句，卒。

话题三：

女朋友：这几天忙啥呢？都不怎么回我信息。

小A：没忙啥啊，就工作上的事儿。

女朋友：听说最近新上映的电影不错，我们去看吧。

小A：嗯，好。

女朋友：那你提前定好票，别忘了哦。

小A：嗯，行。

女朋友：……

话题很有料，但结果——卒。

感情抵不过沉默，仅仅是因为没得聊就导致了分手。其实不只是在恋人中，在其他关系，诸如同事、朋友、亲人等关系中，话题终结者也经常处处碰壁。而遇到话题终结者也是一件很悲催的事，与这类人聊天，聊天不愉快是一种常态。

话题终结者的一般特征

话题终结者通常具备以下几种特征：

1. 无趣的回答

话题终结者在回答问题时喜欢用最简单的方式，如"嗯""呵呵""哦""还好吧"等词语。

2. 不知疲倦地提问

话题终结者其实是很喜欢问问题的，如"在吗""在干啥""你多大""你今年几岁""今天干吗了"……

试问，你会对这样的提问方式感兴趣吗？

3. 以自我为中心

大多数话题终结者以自我为中心，在聊天时想到什么说什么，不善于考虑他人的感受，也很少考虑别人能不能接得住话题。比如，跟不懂、从来不玩游戏的女生聊"英雄联盟"中某个英雄如何走位；跟还单身的同事聊自己上幼儿园的孩子；大家正聊得火热，突然打岔，聊起一个谁也不感兴趣的话题；接别人话茬时永远是"不对""听我的""得了吧"等让人不愉快的词语；等等。

避免终结话题的几个方法

根据话题终结者的一般特征，总结如下内容，稍加揣摩就能避免终结话题。

1. 聊天的话题要顾及他人

在聊天时要选择那些共同有兴趣的话题，找到彼此的共同语言，而如果和大家一起聊天，在进行话题引申时要思考一下话题是否太过偏门，是否符合当下的场合，尽量不要泼冷水。

2. 在表达时尽量让他人接得上话

踢过毽子的人都知道，并不是所有的毽子都好接，如果对方踢的力度大了、小了或是偏了，都很难接着，而一场好看的踢毽子表演，各个成员首先考虑的是对方能不能接好毽子，然后才考虑怎么把毽子踢出去。聊天也是同样的道理，在开口之前，尽量思考一下对方能不能接得住，不要总说一些对方接不上的话。

3. 不要轻易否定他人

在聊天中被别人否定是一种非常不好的体验，而且会给人一种自以为是的感觉，所以不要处处否定别人，如果有不同的见解提出来就好，没必要去评价别人。

4. 避免说有冷场作用的词语

一些词语本身具有冷场的作用，比如"呵呵""哦""还好吧""干吗呢""多喝热水""睡了吗""在吗"等，这些词语本身自带冷场效力，最好少触碰。

蘑菇点睛：那些生活中常用却听着不爽的话

在每天的生活中，我们要跟身边的人谈论各种各样的问题，那么在说话的过程中你是否注意到这样一个现象：有时候对方不经意的一句话会让你火冒三丈，又或是自己的一句话让对方很不爽，从而导致谈话不欢而散。

现在我们盘点一下那些生活中常用却听着不爽的说话方式，如果中招，请及时改正哦。

1. "不是……"系列

"不是我说你啊……""不是我找借口啊……""不是我吹啊……""不是我……"

接着他开始说你，开始找借口，开始吹牛，开始……相信你身边不乏这样的人，而每当他们说这些话的时候，我们的内心是很不爽的，同样，如果我们习惯这种说话方式也会激起他人的反感。

2. 总把自己当权威

"你不懂……""你不要……""你应该……"有些人总喜欢用一种权威的态度说话，实在是很令人生厌的。请记住，我们可以给他人提建议，但是请不要把自己当权威。

3. 踢球型回答

在电视剧《爱情公寓》中有一个很经典的段子，关谷约女朋友吃饭，其中一段话是这样的：

关谷：亲爱的，我们今天吃什么？

小雪：随便。

关谷：那我们吃火锅吧？

小雪：不行，吃火锅脸上要长痘痘的。

关谷：那吃四川菜？

小雪：昨天刚吃了四川菜，今天又吃？

关谷：那我们吃海鲜吧？

小雪：海鲜不好，要拉肚子的。

关谷：那你说要吃什么？

小雪：随便。

其实类似这种踢球型的回答很容易让人尴尬和反感，甚至会遭到对方的白眼，把你归为一类没主见的人，例如："中午我们去哪吃呀？""都行。""几点走啊？""都行。""你想吃什么啊？""都行。"

4. 赤裸裸地炫耀

请看这样一段对话：

小A：一起吃饭吗？我最近发现一个米其林三星餐厅很好吃耶。

小C：呃……

小A：不过还是中午吧，晚上我得去朋友家，我昨天不是买了那块卡地亚限量款手表嘛，朋友非要见识一下，我说好吧，反正这种价位的给他看看也不心疼。

小C：这样子的吗？

小A：对，要不你晚上也一块过来把，顺便开那辆我爸闲置的兰博基尼带你兜兜风。

小C微笑了下。

小A：对，如果你来的话穿贵一点的裙子，如果没有，我那套gucci限量款的小礼服就借给你了，还有那双爱马仕真丝水晶钻高跟鞋。

小C：……

如果听到你的朋友这样说话，你会不会给他一个大白眼？赤裸裸地炫耀是很让人反感的一种行为，比如"我昨天去逛街买了新包包，才1万，超便宜""我男朋友昨天送我一条水晶项链，我跟他说不用啦，他硬送我，真讨厌"，这类话语除了炫耀外，实在看不到一点真诚的信息。

5. "你听懂／明白／理解了吗？"

很多人有这样一个毛病，即在表达完自己的见解后喜欢来一句："你听懂了吗？"类似的句子有："你明白了吗？""你理解了吗？"这种给听者施压的方式很令人不爽，而如果把话换成"不知道表达清楚了没有"就会好得多，起码这样听起来让人舒服多了，你觉得呢？

6. 轻易否定别人

在生活中也有这样的人，当讨论某个专业性的话题时，明明不是很懂，却非要摆出一副很懂的样子，轻易否定别人的看法，而且是毫无根据地否定，这就很让人烦了，请记住：轻易否定是对别人的一种不尊重。

7. 三句话不离八卦

有些人仿佛天生就是八卦集散地兼广播台，一有新的八卦就忍不住到处分享，更让人惊诧的是他们往往能把别人的故事讲得有声有色，仿佛亲身体验一般，请问这么八卦别人的事真的好吗？如果某一天被八卦的是自己呢？

• Chapter 2 •

你这样说话，只会成为尴尬癌患者

说话舒服的程度决定了他人对你的态度：你高冷，对方绝对不会热脸贴你的冷屁股；你接地气儿，对方自然乐意跟你聊。所以想要怎样的谈话效果和回应方式，不在于对方是什么样的人，而在于你说什么，怎么说。

在本章，你会看到一些专业术语，譬如"首因效应""cold reading""直肠子"等，接着我会从这些术语开始谈起，然后逐渐引申出说话时的通用技巧，而这些技巧将会成为你强大的知识储备。

谈吐优雅：开口就能留下好印象

> 优雅的谈吐既不是卖弄华丽的辞藻，也不是刻意地咬文嚼字，而是一开口就能让人如沐春风，让人倍感舒适。

第一印象效应

在社会心理学中，有一则效应被称为"首因效应"，它说的是在与人交往时，人们总是比较重视最初接触到的信息，并很容易以此为判断，对他人做出评价和判断，简单来说就是我们常说的"第一印象效应"。

那么问题来了，如果你现在是一位面试官，或是一位销售人员，又或是一个被父母揪来相亲的倒霉蛋，对于对面坐着的那个人，你需要多长时间来形成对他的既定印象呢？你可能会说，只要一顿饭的工夫就够了，也可能会说"请给我一盏茶的工夫"，而如果你足够自信，足够身经百战，那么你很可能会说："我只要瞄他一眼就够了。"

总之，我们在很短的时间内就能对一个人产生评价，而且这些评价往往会成为我们衡量对方的一个很重要的标准。其实，我们在这样思考的同时，对方也在以同样的思考方式给我们打印象分。那么，怎样才能在短时间内给他人留下一个好印象，给他人一种舒适的感觉呢？答案是，除了一身好看的皮囊（这里指穿着）之外，你还需要有优雅的谈吐。

如果你既没有好看的皮囊，也没有优雅的谈吐，那么你的印象值很可能少得可怜，甚至还可能会像下面这位经理一样，因为谈吐不当而错失一笔买卖。

实战案例

有一次，一位很有名的剧院经理来拜访大仲马。一见面，这位经理连帽子也没摘就谈起了剧本的事。当他得知大仲马准备把最新的剧本卖给一个不知名的小剧场的经理时，他十分生气，大声责怪大仲马是在浪费资源，并开了一个更高的价格想要把剧本买回去，大仲马听后笑了笑表示拒绝。

"为什么？"这位经理很不服气。

"很简单，与你谈的是生意，和他谈的是修养，他让我甚感舒服。"大仲马温和地说。

这位经理听了自感惭愧，只好悻悻地离开了。

哈佛大学的一位校长曾经说过："在造就一个有教养的人的教育中，有一种训练是必不可少的，那就是优美而文雅的谈吐。"优雅的谈吐不仅仅是文明、修养的体现，还是一种带有迷人光环的能量，这种能量就像是一个巨大的磁场一样，能够深深地吸引他人。

很多人总是喜欢把"优雅"这个词扣在女性身上，其实优雅的谈吐是所有人都应该具备的一种说话的基本素质。谈吐优雅的人必定是谦恭的，所以我们在谈吐优雅的人的口中很难听到那些轻蔑的、轻佻的等令人不舒服的字眼；谈吐优雅的人是礼貌的，所以他们往往能在陌生人面前建立良好的第一印象；谈吐优雅的人也是最具有魅力的，无论是在工作还是生活中，他们总是能吸引更多人的目光，赢得他人的赞许和尊重。

为此，不管从事什么行业，不管是什么身份，在开口说话时保证谈吐的优雅是一件很重要的事，就像是出门前化妆、打扮一样重要。

把握优雅谈吐的"三原则"

想做到谈吐优雅，首先要把握三个基本原则：

1. 态度亲切、诚恳

一场谈话，态度往往能决定谈话是往好的方向还是坏的方向发展，态度亲切、诚恳会给人一种舒适的感觉，更容易使谈话朝着好的方向发展。

2. 语义清晰、语速适中

相信你也有过因为听不清楚对方说什么而懊恼的感受，语速太快或太慢都直接影响听者的感受，所以一定要把话说清楚，要让对方听得懂你在说什么。

3. 多用谦逊、文雅的语言

在交谈中，多用敬语、谦语和文雅的语言可以给人以彬彬有礼的感觉，比如，在称呼上多用"您""先生""小姐"，在互相介绍时多用"贵姓"或是直接问"您怎么称呼"。

避开有失优雅的基本点

除了把握基本的说话原则外，还应该避开有失优雅的两个基本点：

1. 个人隐私和粗俗话题

要看一个人说话是否优雅得体，更多的应该从内容上入手，如果一个人在谈话的过程中经常把隐私问题或是一些避讳的内容、粗俗的话题挂在嘴边，那么显然这个人的品位有些问题，自然也就谈不上什么优雅了，甚至还可能因为口无禁忌而冒犯他人。

2. 抢话，逞口舌之快

别人正在说话，你突然打断别人自己说，会给人一种强烈的不舒服感，正确的做法是在别人说话的时候，辅以"后来呢""接下来呢""原来如此"等，这些词语能增加别人对你的好感。

与此同时，如果遇到与人意见相左时，不要逞口舌之快去和对方争个面红耳赤，而是应该学会心平气和地据理力争，这样即使没有争过对方，也能给对方留下一个为人谦逊，懂得照顾他人面子的好印象。

应时应景：什么场合说什么话

> 语言是有规则的，如果违背规则，就很容易触碰到对方的雷区，使对方产生反感，而遵守规则，则很容易愉悦他人，这个规则就是在什么场合说什么话。

关键词——场合

你可能会遇到这样的场景：坐在窗明几净的会议室里的你，正津津有味地听着别人精彩的谈话，又或是脑子正在开小差，这时领导突然拍拍你的肩膀说："来，你说几句。"大家的目光像是聚光灯一样齐刷刷地汇聚到你身上，你还没弄清楚怎么回事，就被大家热烈的掌声簇拥着站了起来，这时的你想必有点尴尬，同时心慌慌的，脑子里反复盘旋着这样一个问题：在这样的场合，我该说点儿什么呢？

"这样的场合，我该说点儿什么呢？"不论是初出茅庐的职场菜鸟，还是有着多年职场经验的"老干部"，也不管是被随机点到即兴发言，还是为了某项活动，诸如婚礼、发布会、丧礼等准备演讲，你都必须考虑到有关场合的种种因素（时间、对象、环境、气氛等），在不同的场合说符合场合气氛的话，而如果不注意这一点，想起什么就说什么，不仅常常把自己弄得尴尬，还会让对方浑身不舒服。

实战案例

小张和小李是关系不错的同事，一次小李得了重感冒，在医院打点滴，小张和几个同事一起去看望小李，见面后小张一脸责怪地说："看吧，以前要你跟我一起锻炼，你总是不肯，现在好了吧，都躺下了，就你这小体格，早晚得进医院！"

"你说什么呢！"听小张这么说，小李十分生气，当下拉下了脸子，旁边的同事赶紧打圆场，可是气氛还是一度尴尬，而且更糟糕的是，俩人的同事关系也就此陷入了僵局。

其实案例中的小张很可能是一个刀子嘴豆腐心的人，说那番话也并无恶意，只是想让小李醒悟过来，以后加强锻炼，可是现在卧病在床的小李哪能听得进去这份善言，反而觉得小张是在幸灾乐祸，伤了自己的面子。

试想一下，当你在跟朋友随意聊天时，他却像是一个领导者一样拿腔拿调，你会听着舒服吗？所以，说话者倘若不注意场合，即使再好的话，再真挚、优美的语言，也并不一定能产生好的效果，有时甚至还会适得其反。

那么，该如何做到在什么场合说什么话呢？举一个简单的例子：如果你要出席一些比较正式的社交场合，那么就应该把自己的言谈收拾得优雅大方些，讲话时不能太过轻佻和随意；而如果是参加一些生日Party、朋友聚会之类的场合，就无须太过拘束和呆板，言谈也可以随意、活泼一些。

做到分场合说话不是一件简单的事，需要一些具体的方法和策略：

1. 找准自己的身份定位

在不同的场合说话时，一定要找准自己的身份定位，比如，在参加朋友聚会的时候，你是作为一个普通朋友的身份出现的，如果没有人提及，你并不需要大谈自己的经济学知识；而如果是参加一场经济座谈会，你的角色就变成了经济学家，你必须展示你渊博的经济学知识，而不是端着吊儿郎当的态度想起什么说什么。

2. 为话语找场子

同样一句话，在适合的场合表达出来能给你带来荣耀，而在不适合的场合表达很可能会让你陷入尴尬，甚至带来不必要的麻烦。那么，怎么为话语找到合适的场子呢？

（1）提意见的话私下场合说

在众人面前承认自己的不足，对谁来说都是一件令人感到些许尴尬的事，所以在批评别人或是给他人提意见时，最好不要在人多的时候说。

比如，你发现对方读错了一个字，将包庇的"庇"读成了pì，那么请私下告诉他，这样他会很感激你，而如果你当着别人的面说出来，即使是他错了，他也可能和你争辩一番，因为你的无礼行为既驳了他的面子，又证明了他没文化。

（2）表扬的话要当着众人的面说

批评人的话要私下说，知道的人越少越好。相反，表扬的话则要当着别人的面说，知道的人越多越好。一个人受到了表扬，那么说明他身上有过人之处，知道的人越多，他得到的赞誉就越多。

比如，如果你的员工工作表现不错，可以在开会的时候当着大家的面儿说出来，这样会让他更有面子，而如果你只是私底下悄悄对他说，那么这种激励感往往只能新鲜一两天。

（3）私密话题谨慎聊

每个人都有自己的隐私，把隐私暴露在众目睽睽之下无疑是一件极其尴尬的事。比如，一些女孩子很八卦，很爱在办公室聊一些私密话题，一旦走漏风声，不仅会破坏同事关系，还可能会收到辞退信的威胁，因为没有老板喜欢口无遮掩、爱八卦的职员。

其实，不仅仅是职场，在任何场合都有相应的说话艺术，只有找对了场子，说对了话，才能收获他人的喜爱，得到对方的认可。为此，在开口之前，一定要多想想，在场的人是否适合听你所说的话，如果不适合，请及时打住。

直话曲说：不碰钉子的说话技巧

> 说话直爽，常被人们当作一种优点，但是生活的事实是，那些直来直去的人很容易碰钉子，遭遇各种不爽，而那些懂得把自己的舌头打个弯儿的人则更容易让人久处不厌。

炮筒子 & 直肠子

如果你刚认识一个长相欠佳的女孩子，而如果恰巧你们又谈论到了关于相貌的问题，更巧的是她问你对她相貌的看法，这时你会怎么回答？你会真诚地告诉他"对不起，你长得实在很抱歉"吗？如果你是一个炮筒子，或是一个直肠子，那么你很可能会这么说，当然结果就是你们的友谊到此为止，甚至对方还可能翻个白眼，记恨你几天。

再有一个经典的桥段是这样的：你的一位女性朋友买了一条自认为漂亮的裙子，满怀期待地问你怎么样，结果直肠子的你坦然地说："裙子还好，就是颜色和你的皮肤不搭。"

你的一瓢凉水下来，朋友半天不说话，空气像是凝固了一般，一个大写的尴尬横亘在你和朋友之间。

所以你看，生活中的"炮筒子"或是"直肠子"无论多么真诚，都会让人不爽。在日常生活、工作中，人们将那些说话直来直去、嘴上毫无遮拦的人形容为"炮筒子"或是"直肠子"，"炮筒子"不分性别，"直肠子"男女皆有。生活中的"炮筒子"往往"火药味"十足，说话也不经过大脑，拿起什么就说什么，更不考虑自己的话能否让对方接受，往往只图一个嘴上痛快，这样无疑中会重伤许多人的感情。

而如果在说话的时候委婉一些，学会直话曲说，会让人听起来轻松自在得多，心情舒畅，也更容易让人接受。

实战案例

从前，有一个倒卖香烟的商人在集市上大谈抽烟的好处，一些观众已经蠢蠢欲动了，这时一位老人突然走上台大声说："女士们，先生们，抽烟有三大好处哩！"

众人听了皆是一愣，商人则十分高兴，连忙向老人道谢："谢谢您了，老先生，看您相貌不凡，定是学识渊博的人，您就把抽烟的好处和大家说说吧。"

老人微微一笑说："抽烟有三大好处，第一是抽烟的人不怕狗。"台下的人感到莫名其妙，商人则暗暗高兴。

"第二，小偷不敢到抽烟人家里去偷东西。"台下的人连连称怪，商人则喜形于色。

"第三，抽烟的人永远年轻。"台下一片轰动，商人则满面春风，得意扬扬。

老人打了一个安静的手势，继续说："女士们，先生们，请安静，我还没说清楚为啥有这三大好处呢！"商人格外高兴地说："老先生，请您快讲呀！"

"第一，在抽烟的人中驼背的多，狗一看到他们以为拾石头打它哩，它能不害怕吗？"台下的人发出了笑声，商人则吓了一跳。

"第二，抽烟的人夜里爱咳嗽，小偷以为主人没有睡着，所以不敢去偷东西。"台下的人一阵大笑，商人则大汗直冒。

"第三，抽烟的人很少有长寿的，所以永远年轻啊。"台下一片哗然，商人则满脸通红，赶紧收拾摊位跑了。

试想一下，如果这位老人直接上台说抽烟的坏处，恐怕还没多说一个字，就被商人轰下台了，甚至还可能在商人的伶牙俐齿下，得罪台下的人。所幸，老先生没有直言忠告之言，而是采用迂回的方式，在步入正题之前做了一个铺垫，把那些不中听的、直言的话暂且放到了后边。

其实，在与人交谈的过程中，总会有一些不方便或是语境不允许直说的话题内容，这时候就要学会将"词锋"隐遁，或是把"棱角"磨得圆一些，多绕几个圈子，把话语变得柔软一些。

两点之间线段最短，这是稍微有点数学知识的人都知道的道理。可是说话不同于做数学题，如果不懂得绕弯子，一味地直来直去，很容易无意中伤害他人，所以说话这件事儿，有时候还是得走曲线。

直话曲说的两个小建议

直话曲说并不难，以下是两个小建议：

1. 给他人戴上具备优点的帽子

丘吉尔说："要让一个人有某种优点，你就要说得好像他已经具备了这种优点。"如果你的朋友遇到了一点小困难就畏首畏尾，或是办起事情来犹豫不决，作为朋友的你想要良言相劝，这时切忌直说"你这个人真笨""什么事情都办不好"等颇具杀伤力的话语，而是应该给他戴上一个具备优点的帽子，委婉地对他说："这样前怕狼后怕虎可不是真正的你。"或是说："你一直是个很有决断力的人。"

2. 直言不讳转化为巧妙暗示

"金无足赤，人无完人"，当别人犯错时直言不讳有时会给人留下一个好印象，让人觉得你这个人很热心、真诚，可是很多时候直言不讳会伤害他人，引起他人的强硬反抗。其实，这时不妨采用含蓄的语言技巧巧妙暗示一下，从而委婉地提醒对方，让对方意识到自己的错误，进而改正错误。

当然，需要注意的是你的暗示语言注意避免晦涩艰深，这样往往会使他人丈二和尚摸不着头脑，甚至还会因此造成误解。

适时幽默：练就一张有趣的嘴巴

> 不要指望所有的人都对你的笑话满意，能达到75%以上已经算是很棒很棒的了，而如果你能搞定剩下的25%……那么，请你把这个方法告诉我。

从"万万没想到"开始

在网剧《万万没想到》中有这样一句台词："女人喜欢有幽默感的男人。"其实这是有着深刻的进化原因的，就像是男人喜欢身材好的女人一样，好的身材代表着良好的生育能力，而幽默感则代表着良好的认知能力、逻辑能力、想象力和化解问题的能力，这些能力都是生存所必需的能力，且能在某种程度上成为吸引女孩子的筹码，所以女孩子喜欢有幽默感的男生也是因为身体的基因在起作用。

除此之外，很多研究也已经表明，幽默是一种激烈的身体运动，有趣的是每大笑5～10分钟，大约会消耗一块巧克力的能量，而在这个过程中压力或糟糕情绪都能得到很好的释放。

其实，放开那些科学的解释不论，就拿我们自身的体会来讲，幽默是一种让人如沐春风或是捧腹大笑的说话艺术。比如，我们常常有这样的体会，在会场或聚会时，某人的一席趣语可使满堂喝彩，气氛活跃；在与亲朋好友的笑谈中，一则笑话往往令人捧腹不止，笑出眼泪；在沉闷的加班过程中，一句幽默引出一阵嘻嘻哈哈，大家顿时倦意全消，干劲十足……

当然，在职场中，幽默感不仅仅是同事之间的润滑剂，也不仅仅是炫耀个人魅力的筹码，还是一个能保住饭碗的武器。

实战案例

杰瑞的手机闹钟有四个，分别是七点、七点十五、七点二十五和七点半，当然，七点半是他起床的最后期限，否则他很可能吃不上早餐，并因此错过一辆已经卡好点的公交车。

不过，即使是有四个闹钟也仍然无法帮助杰瑞完成早起的梦想，而对于迟到这件事儿，上司已经忍耐到了极限，前几天，上司还盯着他的眼睛说："嘿，杰瑞，如果你下次再迟到，不用我多说了，你自己收拾东西吧！"

相比丢掉工作的威胁，早起还是更容易些，于是一连好几天，杰瑞都起得很早，可是今天实在倒霉，先是交通堵塞，接着汽车轮胎扎了，他只好骑着单车到了公司，可最后还是迟到了。上电梯的时候，杰瑞把能找的迟到理由都梳理了一遍：堵车、生病、轮胎漏气、闹钟没响、送邻居家的老人去医院……电梯门开了，杰瑞无奈地摇了摇头，走进了办公室。

办公室里悄然无声，每个人都在埋头干活，一个同事冲他使了个眼色，示意老板"杀"过来了，果然老板一脸严肃地朝他走了过来，杰瑞放下手里的公文包，微笑地握住上司的手说："您好！我是杰瑞，我是来这里应聘工作的，我知道三十分钟之前这里有一个空缺，我想我应该是最早来应聘的吧，希望我能捷足先登！"说完，杰瑞一脸自责又充满希望地看了看上司，沉默的办公室一阵哄堂大笑，上司憋住笑声，吐出一句："快点工作吧！"

就这样，杰瑞用自己的幽默保住了工作。

这就是幽默巨大的作用，它总是能把尴尬的气氛变得轻松、活跃，让人愉快地接受意见。在人的精神世界中，幽默感是一种丰富的养料，是一种不可或缺的调味品，是人际关系的润滑剂，它能引发笑声和愉悦的氛围，可以改善谈话环境，使烦恼变为欢畅，痛苦变为愉快，尴尬变为融洽。它犹如一块磁铁一般，产生一种叫作"魅力"的磁场，并深深地吸引着周边的人，让人产生好感。

没有人是天生的段子手，也没有人从出生就拥有满满的幽默细胞，所以幽默感也是可以培养的。当然，要想练就一张有趣的嘴巴，也不是一件容易事儿。

"五步法"轻松培养幽默感

学习本是一件有章可循的事，如果胡乱抓瞎，当然学不好。以下是培养幽默感的"五步法"：

第一步：锻炼逻辑思维

幽默的呈现和接收是思维的活动，而逻辑是思维的基础，所以要想培养幽默感，首先要培养逻辑思维。推荐书籍：《逻辑学导论》《笑话、幽默与逻辑》《一分钟学习逻辑思维》。

第二步：收集幽默案例

收集你感兴趣的幽默案例，给自己"存点货"，例如新闻、微博、微信、知乎等上面的经典吐槽，书籍中的幽默片段，电影、电视中的幽默桥段，与人聊天时的幽默话语，等等。

第三步：分析+举一反三

将收集到的材料进行分析和整理，试着找出例子中用到的逻辑方法和幽默理论，然后进行分析，并利用自己的材料试着举一反三地幽默一下。

第四步：勇敢实践

有了基本的理论支撑之后，就大胆地运用幽默吧，不过这一阶段可能会比较心累，你需要做到厚脸皮，不怕出丑和不怕冷场。

第五步：记录反馈

运用幽默之后要做记录反馈，看看自己哪些方面做得不错，哪些方面有待改进，然后查漏补缺，不断进步，相信不久之后你也能成为别人眼中的幽默达人。

运用幽默的几个小妙招

1. 适当自嘲

自嘲是一种风趣幽默的表现形式，适当自嘲可以获得别人的好感，但如果过度自嘲则有一种讽刺的意味在里面，因此自嘲的同时要注意把控度量。

2. 形成自己的风格

幽默是一种符号，我们往往会比较容易记住幽默的人，其实是因为他们独特的幽默特质在我们脑海中打下了记号。同样，如果我们也想成为留下印象的那个人，就必须形成自己独特的风格，让人一想到幽默就能联想到你。

3. 幽默起来要有自信

没有自信，谈不上幽默，自信是幽默的基石，因此，在与他人谈论一件有趣的事情时一定要放开自己，自信起来，千万不要畏畏缩缩。

4. 幽默也要看场景

幽默并不是何时何地都可以使用，合乎情景、心境的幽默才能让人舒坦，否则，即使你调侃得再好，也可能会把气氛调至冰点。

换位思考：多站在对方的立场说话

> 只有和别人的眼睛看向同一个方向，你才能够看到
> 和他同样的风景，而说话这件事儿，大概也是这么
> 一回事。

换位思考的哲学

换位思考，即设身处地地为他人着想，站在别人的角度上看问题。简单来说就是把自己想象成对方，然后问自己一句："如果我是他／她，我会怎么做？"

举一个很简单的例子，你和心仪的女生去爬山，因为你经常运动，所以一直爬得很带劲，可是你身旁的女生却累得大汗淋漓，这时如果你不考虑对方的感受，仍然催促女生，想必女生会当场拒绝你，或者就算将就和你继续爬，她心里也会犯嘀咕：这个男生一点也不体贴。而如果你懂得换位思考，就会站在对方的角度去考虑问题，于是你会想到，她需要休息一会儿，需要一张纸巾，需要一瓶水。而这些暖心行为都会让女生觉得你很体贴、很细心，心里默默给你加分。

　　换位思考是一种理解至上的思考方式，而就说话而言，换位思考就是站在对方的立场上说话。站在对方立场上说话，能给人一种亲切感，从而能拉近与谈话者之间的交际距离；站在对方的立场上说话，即使是敌对的双方，也往往能找到合作的契机；站在对方的立场上说话，无论是说服还是拒绝，都更加容易让人接受。

实战案例

　　有一段时间卡耐基租用某饭店的大礼堂来讲课，突然有一天，他接到了饭店经理的通知，告诉他租金要增加三倍，卡耐基前去和经理交涉，他说："我接到通知的时候有点难以置信，不过如果换作是我，我也会这么做，因为对于一个饭店经理来说，最主要的责任就是让饭店尽可能多的盈利。"

　　饭店经理本以为卡耐基是来讨价还价的，没想到卡耐基却在谈自己的事，所以经理的态度也随之缓和了下来。接着卡耐基又为他算了一笔账："如果把礼堂用于办舞会、晚会，短时间内会获得很大的利润，可是如果你撵走了我，就相当于撵走了听我课的成千上万的中层管理人员，而这些人正是你们饭店的潜在顾客，这可是你花几千美元也买不到的活广告。那么，先生，您认为哪样更有利呢？"经理仔细一琢磨，觉着卡耐基说得在理，于是马上取消了增加租金的要求。

　　卡耐基之所以成功说服了饭店经理，就在于他站在对方的立场说话，尤其是那一句"如果换作是我，我也会这么做"，大大减轻了对方的敌对情绪，紧接着卡耐基又站在经理的角度算了一笔账，促使经理收回了增加租金的打算。

美国汽车大王福特曾说："如果说成功有什么秘诀的话，那就是站在对方的立场上考虑问题。"站在对方的立场上说话，是一种品质，也是一种技巧，所谓"把人看在眼里，放在心上"，说的便是如此。

也许你会说，站在对方的立场说话容易，可是真正做起来却很难，这就好比我们知道好些大道理，却难以按照那些标准去生活一样。不过，只要掌握一些方法，并不断吸取经验和教训，设身处地地帮他人说几句话，并不是一件太难的事儿。

如何做到换位思考

在说话这件事儿上做到换位思考其实并不难，以下是两点小建议：

1. 站在他人的立场考虑问题

在谈判的过程中存在这样一个现象：如果谈判的氛围很激烈，毫不相让，那么即使双方再有合作意愿，也不可能达成合作协议；而如果在相同的交涉条件下，多站在对方的立场上去考虑问题，即使存在诸多分歧，最后也能求同存异，达成共识。

其实，不仅在谈判桌上如此，在生活中的各个方面也是如此，站在对方的立场上考虑问题，才能让别人觉得你是在为双方考虑，而不仅仅是为了满足自己的利益，这就会建立一种信任感，而信任感一旦建立，往往就有了更多的共同语言。所以当我们和别人商谈事情时，一定要多站在对方的立场想想，替对方说说话。

2. 套用万能模板："如果我是你，我……"

如果实在不知道怎么替对方说话，可以套用万能模板，即"如果我是你，我……"，比如："如果我是你，我会原谅他的。""如果我是你，我也会这么想。""如果我是你，我大概也会这么做。"……千万不要小瞧这句话的力量，它能迅速拉近你和谈话者之间的心理距离，尤其是对于那些不易说服或顽固的人来说，这样说能使对方认为你与他站在同一立场。

不过，需要注意的是，在套用模板时切不可夸张，或是说一些不切实际的话，以免给人以虚假的感觉。

投其所好：聊点儿对方想听的内容

> 如果你能和任何人连续聊上十分钟，对方仍然兴趣不减，那么你很可能就是潜藏的一流沟通高手，而如果你做不到，那么不妨翻翻这篇文章。

从"cold reading"说起

一般来说，在聊天时，女孩子是最讨厌查户口的："你多大了？""你是哪里人？""你叫什么名字？"如果你无意中抛出这三个问题，那么恭喜你，你很可能已经被她列入备选"黑名单"了，当然，婚恋网站上的聊天除外。

其实不只是女孩子，任何人都不会喜欢这种无趣且带有盘查意味的聊天形式，很可惜大部分人依然只会这种糟糕的聊天模式。在诸多"恋爱法则"中有一门技巧叫"cold reading"，直译过来意为"冷读"，其中"cold"并不是真的"冷"，而是没有准备的意思，"reading"是读心、占心的意思，所以大体意思就是在没有防备，甚至是不认识对方的情况下就能看透他人的心思，把话题聊起来。那么，怎么做到"冷读"呢？投其所好是其中一个很重要的方法。

投其所好是迎合别人的一种手段，即投合别人的爱好或兴趣，但是又不同于阿谀奉承，想要做到投其所好也不难，只要在谈话中要找到对方感兴趣的事，表现出你的态度和热情，然后再说几句自己的见解就够了。

实战案例

家米尔沙特是匈牙利的一位著名作家，但同许多其他伟大的作家一样，在未成名之前经常遭受出版社的冷眼，他去出版社送稿件，常常被那些编辑不耐烦地推出来，对于他的稿子，他们甚至连看都不看，随手就丢到了垃圾桶里。

经受多次打击之后，米尔沙特变得聪明起来，他再去出版社的时候不送稿件了，也不主动谈约稿、出版的事，而是专找那些编辑们聊天，聊他们刚刚出版的图书和某些书本中的一些有趣内容，编辑们也热情起来，主动放下手里的工作，围过来七嘴八舌地发表自己的看法，就这样，过了一段时间，家米尔沙特成功打入了编辑内部，同他们成了好朋友，而稿件的事自然也就解决了。

每个人都喜欢聊自己，所以最打动人心的谈话方式莫过于跟对方谈论他感兴趣的事，说他喜欢听的话。投其所好，是一门艺术，是一种智慧，也是一种沟通秘诀，无论身处哪个行业，只要调动起你的观察力和知识储备，顺势向谈话对象发起心理攻势，很快你就能打开对方的话匣子。

谈话中如何做到投其所好

那么，在谈话时怎么才能投其所好，聊对方感兴趣的内容呢？下面是两个小建议：

1. 寻找对方的兴趣点

在聊天的时候，最尴尬的事情是自己滔滔不绝，对方却根本没有在听你说，或是嘴里应付着，眼睛却在注意着别处，很明显，对方对你的话题并不感冒，所以在一场谈话中找到对方的兴趣点至关重要。

通常来说，大部分人的兴趣点是工作以外的事情，如果可能的话，尽可能地多聊聊对方的日常，以便从中发掘他的兴趣点。以下是发掘兴趣点的四个步骤：

第一步：从聊天话题中找出对方感兴趣的事物；

第二步：思考一下自己能否把控住对方感兴趣的话题；

第三步：表示出对对方话题的兴趣；

第四步：发表一下你的看法或见解。

2. 说说对方得意的事儿

每个人都有自己得意的事儿，并且喜欢被提及，尤其是与陌生人交谈时，说说对方得意的事儿能赢得对方的好感，那么到哪里探听对方的得意之事呢？想一想，你的朋友之中，是否有与对方有交往的人？如果有，向他探听当然是最容易的。当然，如果你要见的是一位素未谋面的大人物，那么提前精心准备一番也是必做的功课，比如，你可以搜搜对方的资料，从而了解对方的基本信息、兴趣爱好等。

　　但是必须注意两点：第一，谈论他人的得意之事的时候，态度要端正，言辞要诚恳，如果你嬉皮笑脸或尽是恭维、谄媚之色，反而会适得其反；第二，一些对方先前得意的事情，现在很可能已经不再感兴趣，如有遇到这种情形，千万不要再提起，以免引起对方不快。

蘑菇点睛：说话抓人耳朵的几个小方法

只要在穿着上稍微打扮一下，博人眼球并不难，但是说话这件事要想抓住别人的耳朵，让别人有听得下去的欲望，还真是一件不容易的事。下面几个小方法能帮你迅速提高说话技巧，让你"口口生辉"，瞬间抓住别人的耳朵。

方法一：惊奇法

惊奇法，顾名思义就是说话时要表现出惊讶的样子。比如，上班的时候看到新同事穿了一件新衣服，用惊奇法夸赞一下："哇，你的衣服真漂亮，哪里买的？"相信对方一定会开心地告诉你。

方法二：反差法

如果在说话时将内容相反的话拼在一起，往往会产生出其不意的效果。比如，你的一个朋友约你吃饭，你可以说："一个人孤零零吃饭也挺好的，不过如果吃饭的时候有个聊天的人会更不错吧。"

方法三：夸张法

人人都喜欢被夸奖，夸奖的时候稍微夸张一下，更能让听者感到神清气爽。比如你和同事完成了一个大单子，这时不妨夸夸他："你工作能力真是太强了，如果没有你，这个月我只能喝西北风了。"

方法四：数字法

如果你在说话的时候蹦出几个数字，不仅会让说话的内容变得容易理解，更重要的是能增加你的可信度和说服力。比如：一些领导开会的时候会说"下面我要说三件事"；推销员在介绍产品的时候会罗列一些产品信息，如cpu型号、内存信息等；演说家在台上演讲的时候也会蹦出一大堆数字来证明自己的观点。

方法五：停顿法

在说话要转折的时候不妨卖个关子停顿一下，吊一吊胃口，让人觉得你下面的话很重要，从而吸引别人的注意力。

Chapter *3*

能让你在职场如鱼得水的办公室聊天术

"如果你爱自己的同事，那么请跟他好好说话。"这是我经常挂在嘴边的一句话。

从本章开始，我会将上一章的知识储备运用在具体的对象和场景中，如果你有所期待，那么就不要玩手机了。首先，我们来谈谈在办公室和同事相处的那些事儿。

刚入职，这样开口和同事套近乎

> 有人的地方就有江湖，有江湖的地方就少不了套近
> 乎，怎样开口和同事套近乎，是一门学问，也是一
> 门技术。

职场磨合期

如果我问你，在入职后你想快速适应新单位，首先你要做什么，我想大多数人的回答一定是这样的："尽快熟悉公司流程。""把手头上的事情弄清楚。""努力完成领导交代的任务，给领导留个好印象。"……其实相比这些，更重要的是处理好和同事的关系，尽快度过职场磨合期。

对于职场新人或是刚入职的人来说，时刻面临着职场磨合期的考验，如新的工作环境的适应性问题，确保试用期顺利度过的问题，新的同事关系的建立问题，等等。这其中最难的坎可能不是工作上的事，而是人际关系问题，因为工作上的事完全可以按部就班地来，而人际关系如果刚开始的时候就弄得很紧张，那么工作的过程中就可能会困难重重，还可能因为融入不了团队而遭到辞退。

实战案例

小李毕业后来到了一家单位任职。刚入职的时候，小李心里非常忐忑，不知道该如何称呼同事，也不知道该如何和大家聊天。来到公司一个星期了，小李还是无法融入团队，每天默默地做着自己的事，吃着自己的饭，甚至都不知道周围的同事叫什么。有一次，一位同事和他对接任务，小李张口就把人家的名字叫错了，弄得双方都很尴尬。

小李为此很烦恼，也想着找机会和同事们套近乎。有一次，小李和一位女同事聊天，得知对方比自己大几岁，而且还一直单着，于是好奇地问她为啥还不结婚，结果气氛又是一度尴尬，而小李却丈二和尚摸不着头脑，不知道问题出在哪里。

就这样，迷迷茫茫混了一个月之后，小李毫无意外地被主管约谈，被告知没有通过试用期。

你看出小李的问题出在哪里了吗？其实，九成的职场新人都会遇到像小李这样的问题，不知道怎么开口称呼同事，不知道怎么和同事聊天，不知道怎么快速融入团队。

一般情况下，我们大多数人能与周围的人融洽相处，但职场这个充满江湖气息的地方，人际关系的处理难免会变得微妙而重要，尤其对于刚进入职场的小白来说，职场经验缺乏，往往不知道怎么开口和同事拉近关系，结果使得之后的职场之路磕磕绊绊，自己也是郁郁寡欢。看来，入职后和同事套近乎这事儿是得上点心了。

和同事套近乎得有方法

新入职场，和同事套近乎不外乎以下三个方法：

1. 互动性地说好第一句话

刚入职怎么和新同事搭讪呢？大多新人会用象征性的问候来开启与同事的搭讪模式，诸如"你好""嗨""hello"等，或是称呼对方的职称，如"马老师""王工""李会计"等，如果还不知道对方的职称，直接称呼"李哥""王姐"等即可。

其实，礼貌地问候更多的是一种职场礼仪，如果想要和同事有进一步的交流，还需要给出互动的信号，比如，搭讪同事的第一句话可以是这样的："李老师，我这里有几个问题，希望您能给点意见。"可以是这样的："王哥，你的桌面好酷啊！"也可以是这样的："赵姐，你也是杰迷吗？我看到你朋友圈……"

2. 加入安全范围内的劲爆话题

如果你的第一句话很成功，随着聊天的深入，你可以试探性地加入一些更加劲爆的、安全范围内的话题，如音乐、电影、八卦、星座、运动等，这些公共话题一般都很安全，其间可以发表你的态度或看法，要知道一个有趣且有个性的人是很招人喜欢的。

当然，你可以顺着同事喜好的话题往下聊：比如男同事关注的3C数码、足球、篮球，女同事经常讨论的衣服、美妆等，相信这些共同的爱好很快就能使你们的关系迅速破冰，熟络起来。

3. 吃饭闲聊也能收获诸多盟友

吃这件事大概是人类共同的爱好，只要是聊到好吃的东西，几乎所有人的唾液腺都会兴奋起来，不过别忘了，这可是拉近同事关系的大好机会，中午的时候吃顿快餐，谈论谈论饭菜的口味，聊一聊无关大雅的关于公司的小吐槽，都是可以的。如果有空的话，下班了再约一顿美食，聊聊生活中的趣事。

不过需要注意的是，作为新人，一方面要表现得合群，另一方面也要把握好尺寸，比如对于公司的一些内部情况、同事的一些情况（尤其是隐私问题，如恋情、婚姻状况、年龄问题等），不要表现得过于八卦或是好奇，以免给人留下不成熟、不稳重的不好印象。

适当开玩笑，让同事关系迅速升温

《幽默密码》一书中有这么几句话：

"好玩笑是合谋的产物。拉一群人一起开心吧。"

"笑声可以让人卸下心防。揶揄一下大家都担心的事情吧。"

"如果你做不到让人捧腹大笑，至少让人会心一笑。能够做到机智就足够了。"

玩笑也是幽默

近年来，医学家正在研究一个让人眼前一亮的肿瘤防治方法——笑，美国脑神经医师鲁宾斯坦也说："一分钟的开怀大笑，等于四十五分钟的放松运动。"可以说，笑是全身性的保健操，对健康很有好处。

开玩笑是一种有益于身心活动的说话技巧，也是一种幽默，同事之间在一起共事，工作之余开个玩笑、讲个笑话也是自然的，而且适当玩笑既可以活跃气氛，还可以融洽同事关系。

实战案例

公室里气氛十分沉闷，一群同事正为一个设计方案而冥思苦想，可是过了许久还是没能拿出一个满意的方法，大家都觉得有些沮丧和疲倦。小刘刚入职不久，感到办公室气氛不对，想要活跃一下气氛，于是开口问："你们知道哪种植物和动物长得最像鸡吗？"

听到有人找话题，大家也乐意松口气，于是都放下了手头的工作，思考小刘的问题，无奈卡壳的脑袋终究是什么也想不出来，大家摊摊手，摇了摇头。

"答案是树和马。"小刘笑着公布了公布答案。

"为什么？"同事很好奇地问。

"因为'数码相机（树马像鸡）'啊。"小刘说。

大家先是一愣，待听出这句话的意思后，都禁不住笑了起来，办公室的沉闷氛围瞬间得到缓解，大家的思维也很快活跃起来。

因为很擅长在何合适的时机讲笑话或是调侃自己，小刘很快被同事们接纳，整个公司的氛围也轻松愉快了许多。

冷笑话不"冷"，反而能"热"气氛，案例中的小刘就是巧妙地用冷笑话打破了沉闷的办公氛围，让气氛活跃了起来，而且小刘凭借着讲笑话的功底很快融入到了公司的大家庭中。

现代人因为职场压力，常常会出现焦虑、失眠等"上班综合征"，同事之间玩笑一下，不失为一种放松自我、改善同事关系的

"高情商"方式，当然，同事相较于朋友，更应该把握好尺度和界限，所以玩笑也要适当。

与同事开玩笑的两大秘籍

同事之间适当地开玩笑能够使得同事关系迅速升温，以下是与同事玩笑的两大秘籍：

秘籍一：机智模仿各种梗

我们经常会在网络上看到各种梗或"神回复"，开怀大笑的同时不要忘了动动手指，截个图保存在手机里，如果是简短的一两句话，还可以保存在手机便签里，如"确认过眼神，我遇上对的人""×××了解一下""一首凉凉送给你"等。

比如"×××了解一下"这个梗，你可以这么运用，吐槽别人太胖了说"游泳健身了解一下"，吐槽别人太瘦了说"汉堡奶茶了解一下"。当然，这类梗只限于关系较好的同事，它能帮助你升华你们的关系，迅速朝着铁哥们、闺蜜的方向发展。

秘籍二：拥有自黑精神

如果是刚入职不久，和同事还不是很熟，不建议频繁使用秘籍一中的方法，这时我们可以适当地自黑，比如，在自我介绍的时候，可以诙谐地描述一下自己的外貌特征，例如你比较胖，你可以这样介绍自己：很多朋友看到我颇为雄伟的身姿后，都亲切地叫我"大胖"，我很喜欢这个霸气的名字，所以大家要是遇到什么完全需要用体型解决的事，不要忘了我。

开玩笑要注意的几个小事项

注意分寸是职场中开好一个玩笑的关键，以下是和同事玩笑的几个注意事项：

1. 不要拿别人的缺陷或不足开玩笑

没有人喜欢别人拿自己的缺陷、缺点开玩笑，以为你很熟悉对方，随意拿对方的缺陷和不足开玩笑，其实你们的关系很可能是在吃饭、K歌、游戏的时候比较熟，而一旦涉及那些让人敏感的话题，你们并没有想象中的关系那么好，甚至一个不小心，友谊的船说翻就翻，因为你伤了他的自尊，让他难堪了，为此，千万不要去踩地雷，拿别人的缺陷或是不足开玩笑。

2. 不要以为捉弄人也是玩笑

捉弄别人是对别人的不尊重，并且会让人觉得你是恶意的，轻者会伤及你和同事之间的感情，重者则可能会危及你的饭碗，当然，特殊的节日，如"愚人节"，小小捉弄一下是可以被接受的。

3. 不要总和同事开玩笑

玩笑开得少，大家会觉得是种智慧，是种幽默，而如果整天嘻嘻哈哈，甚至在工作的时候插科打诨说段子，难免会给人一种毛躁、轻浮、不正经的形象，而这种形象一旦形成，再想要修正就难了，所以，玩笑切忌不要走量，开到精髓更有效。

4. 不要和异性同事开过分的玩笑

和异性同事开玩笑一定要注意把握尺度，尤其是不能在异性面前开一些低俗的玩笑，这会降低你的品格，同时也是对对方的不尊重。

如何与同事来一场舒适的闲聊

闲聊不需要字字斟酌，也不需要矫揉造作。闲聊，舒适就好。

闲聊是一块被遗忘的金子

聊天大致可分为两种，一种是偏向于讨论专业内容的聊天，给人一种"讨论""商谈"的感觉，比如领导对你招招手说："×××，你来一下。"可以肯定的是领导绝不会是找你拉家常，而是要跟你讨论一些工作上的事。

而闲聊则更多的是关于一些闲散的话题。相对字字都要讲究的聊天，闲聊往往是即兴的发挥，而且这种即兴的发挥似乎是随时都可以发生的：午间小憩的时候，午餐的时候，甚至是上个卫生间偶遇到也可以随便扯几句，也正因为如此，闲聊看起来是那么不起眼，于是被很多人忽视了。

其实，闲聊是一块被人们遗忘的金子，如果稍微挖掘一下，你会发现闲聊不仅是一件很有趣的事，还是一件值得花心思琢磨的事。

实战案例

小白是同学眼中的学霸型人物，同事眼中的拼命三郎（指工作），小白同学人长得不错，斯斯文文，高高大大，可就是有一点，不善于聊天，因此常常被大家称为"话题终结者"。

小白最近几天换了一份新工作，上班的第一天，小白同学跟同部门的几个同事吃中饭，一路上大家都在聊天，小白觉着自己有点尴尬，于是对身旁的一个小姑娘说："你怎么称呼？"

"我叫刘婷，平时大家都叫我婷婷。"

"你好，我叫穆白。"

"你是负责哪些工作呀？"

"我负责人事。"

"那你是哪一年的？"

"90年的。"

接着两人就没有话题了，小白觉得很尴尬，挠挠头想了想，结果脑袋空空如也，就这样两个人沉默地走了一路。

想想看，在我们的日常生活中，像小白一样的人还真不少，明明很优秀，就是不善于沟通和表达，不会跟同事唠嗑，不会跟心仪的女生聊天，不会跟陌生人搭讪，结果只有调查户口式的问答，把双方弄得很尴尬。

闲聊不仅仅是闲聊，它传递的是一种态度，一种感觉，一种为人处世的方式，我们说一个人社交能力很强，并非说这个人一定要有非常精湛的社交技巧，如果会"闲聊"，也会成为其社交能力的一个闪光点。比如，我们跟一些人闲聊，明明没获得什么有用的信息，感觉只是随便扯了几句，但是大家彼此的感觉却很好，似乎关系都上了一层楼，产生了一种彼此的牵连感，这便是会闲聊的魅力。

与同事闲聊的正确打开方式

那么，当我们刚进入到一个陌生的环境，或是在与同事的相处过程中怎么才能开启舒服的聊天模式，避免陷入一问一答的尴尬境地呢？

1. 打招呼后多加一句话

一场舒服的闲聊是怎样展开的？最简单的方式是左招呼之后再多加一句话，比如看到对方穿了一件新衣服："你的衣服好有型啊，在哪里买的？"相信对方一定乐意回答。

这其中，打招呼是其次，展开才是关键，比如可以是对方的穿着打扮，可以是对方朋友圈的一组自拍，也可以是最近很火的一本书，总之，可以展开的话题有很多，只要你多加留心一点。

2. 采用优质的闲聊方式

展开话题的同时要学会采用优质的闲聊方式，如：

（1）适当赞扬

解决了温饱问题的人们大多处于一个自尊心占主导的状态，所以不管三七二十，人人都喜欢被赞扬，你的同事也不例外，为此，不妨找一些对方身上值得赞扬的地方，或是一些特别的变化，夸赞他几句："你工作的时候总是很有效率，是怎么办到的""你的新发型真的不错呢""你的美甲雕花好漂亮，可以告诉我是哪家店做的吗"，等等。

（2）给对方关键词

在闲聊的过程中，有时我们往往说了很多，对方听进去的仅仅是几个关键词而已，所以在闲聊的过程中，你要尽可能地主动一些，多给对方一些关键词，这样对方就很容易接着你的话题聊下去，从而避免无话可说的尴尬。

比如，"我很喜欢蔡康永，从他主持《康熙来了》就很喜欢了，我特别喜欢他的说话方式，于是我就想着，我也要那么说话，于是我果断买了一本《蔡康永的说话之道》，可是后来我发现一本更有意思的书……"这样，当大量的关键词扑向对方的时候，对方就可以很轻松地选一些感兴趣的关键词继续话题，如"蔡康永""康熙来了""说话方式""一本有意思的书"等。

（3）做到"好聚好散"

闲聊不是商业谈判，不需要得出一个结论性的东西才能结束，所以和对方有不同的看法的时候，千万不要争执不休，做到"好聚好散"就可以了，当然，如果能在最后加上一些你对此次闲谈的感受，如愉快、满足、轻松等，往往能给对方传递一种好感。

得了荣耀，给同事一点"口头分享"

> 你的同事不仅仅是你的竞争者，还是你的合作者，得了荣耀，不妨分享一点给他们，维护和支持你人定不会少。

从颁奖典礼说起

在各大颁奖典礼我们总能听到类似的获奖感言："感谢CCTV，感谢MTV，感谢我的经纪公司我的爹地妈咪，感谢所有支持我的歌迷朋友，感谢……"

如果你只是一个看客，你一定会觉得这番话够啰唆，而如果你是其中一位的粉丝，你就会觉得他的话是那么真诚，瞬间感到自己也得到了安慰。其实从心理学角度来讲，当他人分享属于你和他共同的荣耀的时候，我们的内心往往会产生一种共鸣感和满足感，而这种感觉很容易左右我们的思维方式。

所以我们会看到，那些情商高的人大多懂得分享荣耀，即使所谓的荣耀和他人并没有多大的关系。而那些独自贪功的人却往往只顾得独享胜利的果实，丝毫不顾及他人的感受。

实战案例

　　小张最近心情很郁闷，原因是眼看到手的办公室主任的位置打了水漂，其实小张的个人能力毋庸置疑，老主任临走之前特意向上级领导推荐了小张，上级领导也肯定了小张在工作上的表现，但是当领导找到小张的同事谈话的时候，大部分同事反应小张"自私""不合群""孤傲"，最后上级领导只好放弃了小张，而选择了办公室另一位人缘好的员工。

　　为什么小张这么不受欢迎呢？原来小张因为工作突出，经常被评为优秀员工，有一次，小张所在的团队做了一个大项目，小张是领队，领导为了激励员工，特意安排小张当众演讲，在演讲过程中，小张把这次的成绩全然扣到了自己头上，甚至还把自己如何搞定客户的一些零碎事情也搬到了台上，虽然小张说的是事实，可是只字不提同事的帮助、配合也让很多同事反感不已。而且，在会后，有同事开玩笑要小张请客的时候，也被小张一口回绝了。自此，大家就对小张有了看法。

　　小张明明可以稳稳地当上办公室主任，可就是因为不懂得分享自己的荣耀，没能和同事搞好关系，结果竹篮打水一场空，还在同事中留下了不好的印象。

　　同事之间，是合作者也是竞争对手，但是应该搞清楚，二者的前后顺序，即同事之间首先是合作者，其次才是竞争对手，尤其是在团队的配合中，合作比竞争更为重要，如果人人都想着出风头，即使个人能力再优秀也搞不出什么名堂。

还有一点，虽然现在的人类已经进化得颇为"peace"，但是要知道"见不得别人比自己好"始终都是人性的一大弱点，所以当你取得某种成就的时候，对于其他人来说可能是一种潜在威胁，在此基础上会产生一种排斥感和危机感，而如果你这个时候还沾沾自喜，甚至是大摇大摆地把所有功劳都归在自己头上，独享荣誉的光环，那么很可能你会为自己愚蠢的行为付出代价，如同小张。

所以，在工作中取得一些成就时，千万不要独享荣耀的蛋糕，而应该学会让同事也荣耀一下，这样不仅会消除他们内心的排斥感和危机感，而且这种"有福共享"的精神还可能感动他们。

与同事分享自己的荣耀

那么，该怎么做到分享荣耀这件事呢？

1. 当面说感谢的话

公司年会，我们可以看到很多员工在上台发言的时候都会这么说："我很高兴能和大家分享我的工作心得，首先我要感谢……"这样的感谢之词虽然有些俗套，而且看起来有些"口惠而实不至"的感觉，但是听到的人心里却很痛快，所以当荣誉到来时，一定不要忘了感谢你的领导和同事，即使他们对你的帮助很有限。

当然，你也可以在私下里说些感谢的话，这会更加撬动同事的心，因为在他看来，你的感谢是发自内心的，而不是所谓的场面话。

2. 借他人之口分享荣耀

你和同事聊天的时候说："嘿，我跟你说，这次的项目真是太难搞了，还真的多亏了小刘，要是没他帮忙，我可真要一个头两个大了。"想一想，如果这样的话题传到小刘的耳朵，他必定是乐开了花，这比你当面夸他有意思多了，而且即使小刘听不到，你也可以给你面前的同事留下一个好印象，如此，看来，借他人之口分享荣耀也是一种不错的方法。

说话要拎得清：该说 or 不该说

办公小社会，处处有"地雷"，如果不想成为被炸得最惨的那个，就要懂得该说什么，不该说什么。

今天你"踩雷"了？

很多"80后""90后"都对扫雷这个小游戏不陌生，根据点击格子出现的数字找出所有非雷格子，如果不小心手一抖，踩到一颗雷，就满盘皆输。

人生处处有地雷，而且每个人都有属于自己的"雷区"，即心里的"雷区"，如果一旦有些倒霉蛋不小心在你的"雷区"瞎逛，再不小心踩到了某颗雷，你的敏感神经会立刻处于亢奋状态，不出意外的话你的心田会炸成一片，不过对方很可能对你的情绪大发并不感冒，淡淡地甩四个字：不可理喻。

同样，你也可能因为自己的言语不当踩到别人的"雷区"，而在办公室里，踩"地雷"是经常有的事，比如有一个同事胖乎乎十分可爱，你就粗犷地叫人家"死胖子"；刚入职，你就一个个地询问人家的薪资是多少；刚刚和一位女同事谈恋爱，就在办公室大秀恩爱……你这样在人家的"雷区"里肆无忌惮，想不踩雷都难。

其实，办公室这个地方虽小，却也是江湖所在，如果你不知道什么话该说，什么话不该说，就很容易踩到对方的地雷，把自己的职场弄得火药味十足，甚至是异常坎坷。

实战案例

小丽是某大型企业的办公室文员，她性格内向，平时不大爱说话，有的同事叫她"冰山美人"，有的同事则称她为"玫瑰公主"，原因是她在与别人说话时总是带着刺儿一般。

有一次，同事小乔穿了一件新裙子，同事们都称赞新裙子漂亮、合适，小丽却说："这衣服不错，就是买小了一码，肉都勒成一堆儿了。"

小乔听完，脸瞬间拉长，可小丽仿佛没看到一样，接着说："而且你的肤色太黑了，适合偏暗一点的颜色，这个颜色太艳了。"

这句话一出口，小乔便气哼哼地走回到了自己的位置上，其他同事也知趣地不说话了，刚才还热闹的办公室一下子安静了下来。小丽感到很奇怪，难道自己说错了吗？

其实，从客观角度讲，小丽说得没错，可是却触碰到了小乔的雷区，踩到了"胖"和"黑"这两颗雷，而毫无意外，这两颗雷对于大多数女性来说是极具杀伤力的，这就好比是当众被人扇了一个耳光一样难受。

什么该说，什么不该说，一定要分清

职场就是战场，很多时候如果不遵得守规则，不注意言语措辞，就有可能触动他人的"雷区"，尤其是对于职场菜鸟来说，办公室说话更需要谨慎，什么话该说，什么话不该说，都要做到心中有数。

1. 该说的要说（左右逢源）

如果想在办公室混得如鱼得水，掌握一些说话技巧是必需的。

（1）虚心对待同事的批评和建议

接受别人的建议已经很难了，更何况是接受别人的批评，而如果遇到内心高傲的人，还可能会说："用得着你来教我？""你说的难道我不知道吗？""你算老几，用你指挥？"没有人喜欢听这些话，同事之间唯有相互取长补短，才能齐心协力出色地完成任务，所以对待同事的批评和意见，一定要虚心，比如可以这样回应同事："你的主意不错，我会好好考虑的。"而如果对方说得没道理，直接忽略掉即可，用不着大动肝火。

（2）外出的时候要告知同事

如果有事要外出一会儿，或者请假不上班，虽然批准请假的是领导，但是最好同办公室里的同事说一声，尤其是和你在一个项目组的人，让做到同事心中有数，否则关键时刻找不到人，工作肯定会受影响，也会给同事留下一个不负责任的坏印象。

（3）有好事儿不妨通报一下

办公室里有好事儿，比如发物品、奖金等，不妨和大家说一声，而如果你总是闷不吭声，未免显得太不合群。

2. 不该说的尽量不说（免踩地雷）

除了做到该说的说之外，还要做到不该说的尽量不说。

（1）不要在办公室倾吐苦水

我们身边总有这样一些人，他们特喜欢和别人倾吐苦水。虽然这样做能拉近你们之间的距离，但事实上几乎很少有人能够严守秘密。所以，当你的生活出现个人危机，如失恋、婚变之类的问题时，最好不要在办公室里随便找人倾诉，这样做很容易成为办公室的注目焦点；当你的工作出现危机，如工作上不顺利，对领导、同事有看法时，更不要在办公室里向人袒露胸襟，这样做往往很危险。

（2）有话请好好说，不要上来就"掐架"

很多人喜欢在办公室里争个是非对错，争个"你死我活"，尤其是那些言辞善辩的人很喜欢争强好胜，其实一味地好辩逞强并不能在办公室里赢得好人缘，反而会让同事们对你敬而远之。所以，不管遇到什么事儿，不要一上来就"掐架"，好好说话是起码的尊重。

（3）不要做骄傲的孔雀，到处炫耀自己

即使你的专业技术很强，即使你的靠山过硬，即使你能博得老板的赏识与青睐，但是这些都不能成为你炫耀的资本，反而很可能树大招风得罪人，所以再有能耐，在职场生涯中也要小心谨慎，谦虚低调一点总没错。

蘑菇点睛：谨防能把天聊死的 8 句话

不管你对同事感觉是爱还是恨，一个无法更改的事实就是，你每天都要和他们至少相处8个小时，如果你不注意和同事说话的内容，把天聊死是小事，影响心情和职场生涯就得不偿失了，以下是职场菜鸟必须谨防的8句话，请你出门前把他们揣在兜里，当然，如果你不是，你可以把这8句话送给那些关系较好的职场新晋人员。

Top1. "你今年都27了，怎么还不结婚啊？"

"你多大了？""结婚了吗？""哦，怀孕了吧？"……诸如此类话语是一些中年话痨女同事最关心的话题，这些话语看似是在关心对方，实际上却很容易把天聊死，而且还可能被扣上不懂得尊重人的帽子，所以，过分关心同事的私事，是职场的禁忌之一。

Top2. "听说小张和小刘正在约会……"

说这类话的通常还会后面加上这样一句："千万不要说出去啊。"结果事实就是，八卦的内容就像是长了腿一般，不用多大工夫就能在办公室打一个来回，甚至传到当事人的耳朵里。八卦办公室的恋情是很多人都喜欢干的事，但是请记住，凑热闹是一回事，千万不要涉及别人的私生活，因为很有可能，你也会成为当中的受害者。

Top3. "新来的主管简直是个十足的混蛋！"

吐槽你的上司实在是一件极其愚蠢的事情，类似的吐槽还有"老板太抠了""这个破公司，中秋节连盒月饼都没有""我之前的公司……""公司不行，我要跳槽"等。如果这些话传到上司耳朵里，那么不管参与的人有多少，你铁定会被认定是消极情绪的传染源，传播不良风气的始作俑者，那么你的职场之路很可能亮起红灯。

Top4. "你好瘦呀！怎么不吃饭？"

类似的话语还有"你怎么吃这么点儿，怪不得这么瘦啊""你很少运动吧""你吃的好多哦"等。同事之间，如果不是那么熟络，请不要对他人的身材、饮食习惯等做出评价，即使你是出于关心，但在别人听起来其实是有着一番别样的意味。不过，如果你和同事关系不错，类似的话可以给你加分哦。

Top5. "兄弟，你工资多少？"

对于那些刚入职的职场菜鸟来说，总是喜欢向别人打听工资的事儿，好像这样才能寻得一些心理安慰，甚至一些深入职场的老菜鸟也常犯这样的错误，喜欢刨根问底地问新同事的薪资问题。其实，薪资问题是公司里最透明的秘密，因为大家心知肚明，可是如果你不晓得这里面的规则，喜欢八卦工资的事儿，显然是在给对方出难题，而且还可能会惹上一些麻烦事儿，比如如果被领导知道，会直接被贴上"爱搞事情"的标签，想要挽回形象可就难了。

Top6. "怎么穿这么正式？要去面试吗？"

当你说这句话的时候，肯定没经过大脑，当然你有可能就是那么随口一说，但是这句不经意的话会让你的同事陷入十分尴尬的境地：如果她确实是去面试，那么你就是在强迫她撒谎；而如果她不去面试，这么说是不是有点讽刺意味呢？所以，和同事说这话的时候一定要记着过过脑子。

Top7. "那不是我的工作。"

工作时做好自己分内的事是必需的，与此同时，也应该在别人需要帮助的时候伸出援手，因为工作中，大部分人都会帮助别人做一些不是自己分内的工作，而如果你断然宣布"那不是我的工作"，你是轻松了，可是你的负面评价会不断被积累，时间长了你在同事眼中就会成为一个自私自利、生性懒惰的人。

Top8. "下午女朋友过来，主管那边帮我顶一下吧。"

类似的还有"稿件写不动了，你帮我写几个案例吧""今天外婆生日，全家人都在，我不好意思不去，加班的事……""我今晚要和女朋友谈个大项目，夜班帮我顶一下吧"等。

请记住，职场是有原则的，如果你请假，请和主管去说，如果你工作有困难，请和领导去说，自己分内的事情最好不要随便麻烦同事。

Chapter 4

了解上司心理，大人物不只爱听恭维话

作为一个管理者，我是十分愿意站在自己的角度深刻剖析自己的，所以当蘑菇头跑来问我怎么揣摩上司心理的时候，我还是心平气和地告诉他："大人物不只爱听恭维话。"

是的，大人物不只爱听恭维话，这里面包含了两层含义：其一，大人物是喜欢被人恭维的；其二，大人物喜欢听的话远远不只这些，至于爱听什么，可能是一个有效的建议，也可能是一场满意的汇报。

不过本章中我并不谈那些恭维之术，因为这是我所不喜欢的，我更喜欢的是那些真心为老板着想，为公司着想，而又能控制好话语边界的说话之术。

寥寥数语，博得面试官的好感

> 没有任何一个面试官能在短暂的时间里理性客观地评估一个人的职业价值，从这一点来讲，很多HR更喜欢用主观感受来形成对面试者的既定印象。

面试里的"候机法则"

曾经在知乎里看到一个有趣的说法，说是HR面试的标准里面有一个"候机法则"，即面试官通过面试要选出一个他愿意与之等一个小时飞机的人，这个打趣的说法是在告诉我们，在面试的过程中，如果能抓住面试官的眼球，成功建立起与面试官的认同感联系，那么面试官就会对你产生兴趣，而这对于一场面试来说是相当重要的。

拿一个简单的例子来讲：做自我介绍。面试官在看简历的时候都会给面试者抛出一个这样的问题："能简单地介绍一下自己吗？"面对面试官的提问，不少面试者会嗤之以鼻，按照自己拟好的模板重复简历上的内容，从而陷入严重的面试误区。而那些聪明的人，却会在这短短的一两分钟内引起面试官的兴趣，博得面试官的好感。

实战案例

小A去某设计公司面试产品包装设计师，这家公司的福利待遇在业界是出了名的"豪"，所以招聘现场很是火爆。当小A到达面试现场的时候，已经塞满了求职者，有相互聊天打气的，有猜测面试问题的，有低头翻看简历的，总之，每一个人都在为面试积极忙碌着。

轮到小A面试的时候，等候区的应聘者已经不多了，这也意味着面试官已经见了不少人，其中肯定有一些优质的人选，小A本应该感到压力山大，可是事实上小A十分淡然地抱着自己的"秘密武器"走进了面试室。

跟面试官打了招呼后，小A把一个精美的产品包装盒递给了面试官："这是我之前做的一个产品包装，虽然感觉不是很成熟，但据客户反映还不错……"寥寥数语，小A便引起了面试官的兴趣，他仔细地看起了小A的设计，和小A聊了聊对产品包装的看法，最后面试官微笑着点了点头，并主动留下了小A的电话。

小A之所以能在诸多的应聘者中脱颖而出，正是因为摸准了面试官的心理，采取了跟前面应聘者不一样的方式，寥寥数语，通过实物作品吸引面试官，成功引起了面试的好感。

抓住面试官的心理特征很关键

实际上，面试也是招聘双方在心理上的博弈，而作为应聘者来说，如果能了解面试官的心理特征，明白面试官想要的是什么，进而有针对性地进行准备，秀出自己的独特之处，往往能抓住到面试官想要的点。

正所谓"知己知彼，百战不殆"，如果你能牢牢抓住面试官的以下两大心理特征，就很容易获得面试官的青睐。

1. 主观感觉更重要

第一印象效应常常发生在面试过程中，即面试官根据应聘者的资料以及感官的直观印象打出一个印象分，而这个分数的多少对面试的结果有着重要的影响。为此，为了给面试官留下一个好印象，一定要把控好自己的言辞，既要表现得积极大方，又不能夸夸其谈，言过其实，更不能因为粗糙的举止和穿着打扮而影响面试官的心情。

2. 雇佣压力和暗示

不要忘了，虽然面试官是你的考官，但同时他也是在完成任务指标，所以面试官的雇佣压力对于应聘者来说是个机会。比如，有些面试官为了急于完成某岗位的招聘任务，会无意识表露出急于招聘的情绪，甚至会引导面试者回答问题。比如，他们会说"在外语上，你应该没有什么问题吧""以你的经验来看，应该能胜任这个职位吧"等类似的话。

所以不失时机地把握面试官的雇佣压力，并积极回应，也不失为一个好办法。

用自我介绍博得面试官的好感

面试的本质是一场"秀"，面试官主观打分得高分的关键在于你的面试show是否出彩，即你的自我介绍是否出彩。

1. 把握自我介绍的基本点

（1）简洁说明

面试官大都是善于把控时间的人，如果你的自我介绍冗长而乏味，就相当于在消耗他的时间，这是非常让人不爽的，所以，在介绍基本信息的时候尽量简洁一些（请注意基本信息四个字）。

（2）要有逻辑性

自我介绍考察的是面试者的逻辑性和语言表达能力，所以做自我介绍时一定不能东一榔头，西一棒子，而是要有逻辑性。

（3）展示独特性

独特性作为自我介绍的亮点一定要展示出来，比如参加互联网公司的面试，你的独特性就应该体现在你的个性或者思想的与众不同，而国企类的面试则要表现出更为真诚、积极的态度。

2. 采用适当技巧提升自我魅力

把握好自我介绍的基本点，还谈不上让考官"赏心悦目"，这时如果能来点技巧装饰一下，打动你的潜在上司也不是很难。

（1）关键词介绍法

你所咨询的职位通常会和相应的词语挂钩，如"快速学习能力""逻辑思维能力""审美能力""沟通交际能力"等，这些词汇往往能引起面试者的注意，也是岗位所需要的，所以在自我介绍中要学会提取和自己的资质相匹配的关键词。

（2）善用讲故事的模式

用讲故事的模式既吸引人，又能给面试官留下深刻的印象和遐想空间，所以能在短时间内大幅提升你的"表现力"，比如，你在讲述工作经验时用讲故事的方式展开，则更容易触动面试官。

话语度量原则：到位而不越位

> 没有哪个上司喜欢员工站在自己的头顶上说话，因
> 此，做你该做的，说你该说的，永远不要越位！

"补位"界限法则

"补位"是足球运动中常用的比赛术语，即在防守和突破时，一个队员离开了分工的位置，其他球员迅速去填补因该队员离开而产生的空位。而在我们的日常工作中，有时也需要有这种补位意识，尤其在和领导相处，当领导有了困难时，都需要我们积极而及时地补位，帮助领导排忧解难，但是需要注意的是，在补位的同时一定要控制好火候，否则一不小心越过界限，就有"谋权篡位"的嫌疑了。

实战案例

林东是一家箱式房产品公司的销售部员工，一次，在洽谈业务时，销售经理了解到对方企业的客户代表小飞是林东的大学同学，想借此关系把订单拿下来，于是出差就带上了林东。

　　果然，有这一层关系在，对方很快就有了签订合同的意向，可是在谈到一些合同细节时，还没等销售经理表态，林东就拍着胸脯自作主张了："可以的""没问题""包在我身上"，结果整个洽谈环节林东成了主角，这让坐在一旁的销售经理很是尴尬。

　　而等到吃饭的时候，林东又自作主张地点了满满一桌子的菜招待老同学，完全把销售经理撂在了一旁，看着满大桌子的菜大大超出了预算，销售经理心里更加不痛快了。然而林东是个大马哈，对此丝毫没察觉，反而还在回公司的路上得意地问："经理，我这次表现还可以吧？"销售经理没有给他好脸色，冷冷地回答道："嗯，是不错，给我留下了深刻的印象！"林东一脸纳闷，不知道自己哪里做错了。

　　在职场中，"一个萝卜一个坑"，每个人都有自己的位置，领导有领导该做的事，员工有员工该完成的任务，可是有些人总是喜欢把自己的萝卜随意长到别人的坑里去，就像是林东一样。

　　正所谓"在其位谋其政"，在什么样的位置，就要做什么样的事，说什么样的话，只有这样，才能和上司相处得愉快。因此，和上司相处，一定要掌握适度原则。

谨记几点不越位原则

　　在职场沟通中，"到位"和"越位"有时是不好区分的，不过只要谨记以下几点不越位原则，也就把握住了"到位"的问题。

1. 谨慎表态

表态是表明人们对某件事的基本态度，表态同一定的身份密切相关，如果超越了自己的身份，胡乱表态，往往会造成喧宾夺主，给人不爽的感觉。比如，公司规定三天请假必须有老板表态，可是老板刚好不在，员工找你请假，你随口拍着胸脯答应了，很明显你越权了。

2. 答复不越位

这同表态的越位有相同之处，在工作上一些问题的答复往往需要相应的权威，如果你明明没有这种权威，却抢着答复，会给领导的工作造成困扰，且会引起领导的不满。

3. 决策不越位

有些需要领导拍板的事情，你抢先一步表了态、做了决定，这就是决策越位，决策越位是非常让人尴尬的，而且是非常让人气愤的，是对领导的一种冒犯。

如何做一场让老板满意的汇报

> 对于上司来说，最让人焦心的就是无法掌握各项工作的进度，而如果你能给他一场让他满意的汇报，那么你可能会离升职越来越近哦。

不懂汇报≈工作白做

你是否也遇到这种情况：早上开例会的时候本来想好好展示自己的工作成果，结果却语无伦次，无法表达实际的工作情况；月末总结的时候你想了好久，准备在老板面前表现一番，无奈稿子写成了流水账，丝毫没有引起老板的兴趣；到了年会的时候，辛苦了整整一年的你业绩不错，可到头来升值加薪却是那个业绩没你好，但汇报工作总能让老板频频点头的人。

你明明很努力很优秀，可是总是在工作汇报上栽跟头，《哈佛学不到》的作者马克·麦考梅克曾说："谁经常向我汇报工作，谁就在努力工作。相反，谁不经常汇报工作，谁就没有努力工作。"

确实，在职场中，老板无法时刻关注你，只能通过工作汇报来了解你的工作情况，而如果你不懂汇报，工作可能就白做了。

　　小A是某电器公司的项目经理，公司最近要策划一个新项目，老板要小A汇报项目进度，可是小A只说了几句话就被老板轰出去了。

　　小A是这么说的："领导好，由于是项目初期，人员的配合上不是很给力，所以内部团队出了一点小问题，工程师们就任务的划分产生了严重的分歧，原先找的工艺师也因为家里出了点状况……"

　　小A跟蘑菇头取经，蘑菇头告诉他应该这么说："领导好，总体来说，项目没有预期进展得好，不过请领导放心，我一定会整合团队，加快工程进度。首先，由于是项目初期……"

　　老板听完后给了小A一个鼓励的眼神，示意他好好干。

　　为什么小A的两次汇报会产生不一样的结果呢？我们来分析一下，在小A的第一次汇报中，工程难度的信息占据了很大的篇幅，而且没有重点，仿佛小A不是来汇报工作的，而是来让老板解决问题的，给老板一种甩烂摊子的感觉，老板能不发怒吗？

　　而小A的第二次汇报直接严明了工程的进度，让老板对工程的整体进度有了一个把控，接着小A表明了自己积极努力的态度，给了老板一个甜头，然后小A再言明工程进展缓慢的原因，这样顺下来，老板清楚地了解了工作的整体进度及难度，自然就不会责怪小A了。

所以我们看到，职场中跟老板汇报工作，同样的内容组织结构的方式有很多，同样的话，有的人能让老板满意，有的人则让老板暴跳如雷，这其中的关键就在于是否掌握了汇报工作的精髓。

先了解老板是一群什么样的人

所谓"知己知彼，百战不殆"，要想好好解决向老板汇报工作的问题，首先要了解老板是一群什么样的人。

首先，老板都看重时间，对于一个商人来说没有什么是比时间还宝贵的，而且老板的时间永远不够用，所以汇报工作请不要耽误他的时间。

其次，老板大多没有耐心，老板是看重时间的人，如果你浪费了他的时间，他自然会表现得不耐烦，再加上你汇报的都是糟糕的消息，老板当然坐不住了。

最后，老板更关心结果和目标，老板的目标感都很强，对于他们来说结果往往比过程更重要，所以汇报工作请陈述你的结果，不要抱着细节不放。

跟老板汇报工作的几个小技巧

有了上面的基础，接下来你要学习几个汇报工作的小技巧：

1. 思路清晰

在向老板汇报工作之前，一定要理清思路，知道该说什么不该说什么，知道先说什么后说什么，要知道，当你的汇报有条理，层次分明的时候，会更加的有说服力。

2. 明确重点

汇报工作一定要有重点，不要胡子眉毛一把抓，而且一场工作汇报中的重点最好不要超过3个，请记住，越少的重点会让老板的思路越清晰，越能迅速决断。除此之外，要尽可能地把你要告诉他的重要信息放在开头。

3. 删繁就简

前面说过，老板的时间是宝贵的，所以汇报工作一定要删繁就简，不要说多余的废话，当老板问问题的时候不要借老板的思路拓展或者借题发挥。

汇报工作时的注意事项

有些职场人在向领导汇报工作时不知道注意什么，结果经常踩"地雷"。以下几个事项必须注意一下：

1. 切忌夸大或隐瞒事实

跟老板汇报工作要实事求是，切忌夸大事实或者隐瞒事实，这样会让老板做出错误的判断，做出错误的决策。

2. 切忌打小报告

汇报工作不是打小报告，可以对事但不能对人，所以请杜绝那些针对性、人格化的负面词语。

3. 切忌抢话

在汇报工作时切忌抢话，即使老板的某个观点不对，也不要当面打断，而是应该等到老板说完，思考一下后再提出自己的想法。

如何催自己的老板干活

老板催员工理所当然，员工催老板却很是犯难，但是偏偏有一些犯有拖延症的老板，不催不行，所以你该怎么办的呢？

老板也有拖延症

你一定听过一个词——拖延症，说得专业一点儿，拖延症是已经预料到后果仍然把要做的事往后推迟的一种行为，说得直白一点儿，拖延症和一个人的惰性和懒有很大的关系。

患有拖延症的人群涉及社会的各个层面，甚至一些看起来雷厉风行的老板也患有拖延症，而且说不定你就摊上了这样一个主儿：任你焦急无比，他却不回邮件、微信，不接电话。你以为他在忙，可是事实上他却有空发朋友圈，你想要催促他，却不知道如何开口。

确实，遇到一个有拖延症的上司很让人焦躁，因为催老板这事儿从来就不简单，催得少了，工作没效率上司会怪你；催得紧了又怪你催得多，嫌你烦。

当然，你也可能遇上一个好好老板，他没有拖延症，只是因为太忙把有些事情忘记了，而且他也乐意接受你的催促，可这一切的前提是你会催人。

实战案例

上级主管要小董报送一份报告，而且必须赶在今天下班之前上报。报告需要老板审阅，而老板已经在外地好几天了，小董只好写了发了一份报告初稿给老板，可是等了半天没有等到回复，该如何催他呢？

小周考虑到老板在忙，就把报告截图到了微信上发了过去，一分钟后，老板回信息了，说有点事情要忙，待会儿给他回复，小周回复了一个字：好。可是半小时过去了，还会没有回复，小周有点着急了，开始在微信上一遍遍催促老板："老板，在吗？""老板，发给您的报告看了吗""老板……"

一个小时后，老板来了电话，小周欣喜地接了电话，可是却遭到了老板的一顿责怪，点明小周报告问题的方式有问题，小周感到很委屈，难道积极工作也有错吗？

小周积极工作是没有错，但是催促老板的方式有问题，首先，通常来说领导都不喜欢看文字，如果有什么紧急的事儿，直接电话沟通更为恰当。其次，小周只是发了一个截图，其他相关信息都没有汇报，这会让老板觉得自己是被下属指导干活，多少有点不爽。最后，小周没有选择恰当的时机，而是在老板忙事情的时候反复催促，即使性子再好的老板也会感到烦躁。

"三步法"催促老板

对于同样一个问题，老板和员工总有不同的考量，而如果你的催促方式不对，他有100个理由可以继续拖延下去，甚至还可能引起他的反感。

对此，员工可以采用以下"三步法"来催促老板。

第一步：多站在老板的角度体谅老板

老板也是人，偶尔也会犯拖延症，如果恰巧这时需要催促他，请记住千万不要一上来就拿着截止时间强迫他尽快拍板，而是应该多站在老板的角度体谅他一下，表示他的辛劳自己都看在眼里，而且非常理解他为何拖延，这样委婉的说法，通常老板是会接受的。

第二步：用事情的紧迫感提醒上司

很多时候，老板之所以拖延是因为他并不知道事情的紧急性，或者他认为这件事根本没有那么重要，这时你就可以在第一步的基础之上给老板言明利害关系，适当给老板施加一些紧迫感，比如你想要领导审阅一个文案，可以说："老板，这个文案我得加快进度了，要不这个月的出书计划得延长了。"

第三步：给领导一点激励

如果这个时候还不放心，不妨给领导一点激励，比如，说："如果我们能在明天之前把这个文案完成，就能刚好能赶上明天的店庆活动，效果应该不错。"那么老板肯定会动容的。

谨防踢到铁板的几个建议

催促上司干活应该注意一下，否则踢到铁板是一件很衰的事。

1. 不可频繁催促

无论多紧急的事儿，切忌不要在短时间内频繁催促上司，只要你表明事情的严重性，大多时候上司并不会为难你。

2. 要注意场合和时机

催促上司也要看场合和时机，如果上司有紧急的事要处理，最好不要去打扰；如果是休息、吃饭时间，事情不那么紧急的话也不要去打扰。

3. 分清事情的优先级

当然，如果你的事情的优先级比较高，那么千万要和上司说明白，否则你可能事后也会踢到铁板，而如果优先级不高，领导有时候也是很忙的。

领导的错误：该指出 or 不该指出

高管候选人试题系列：你的领导在某次会议上说了某个你明明知道是错误的说法，你如何处理？你会当场指出还是保持沉默？又或者是让其他人指出？

一个有意思的问题

前段时间有这样一则新闻：某地某工厂一位员工爬上楼顶，要求见领导一面，引来消防等部门紧急出动，后该涉事员工称，自己这样做，是因为自己做了正确的事却遭遇到了"不公"，单位领导要将其开除，因此想不开。

原来，该员工前两天在吃饭排队时看见一名"员工"插队，就说了对方两句，结果没曾想撞到了枪口上，这位"员工"是他的上级领导……

从整个事件来看，明明是领导插队在先，自己却要遭到开除，我们且不谈这样的领导有些任性，也不说这位一言不合就爬楼顶的员工太过极端，我们来谈这样一个问题：领导的错误到底该不该指出？

实战案例

盖洛普民意调查（Gallup）曾对美国100万员工进行了调查，最后结果显示，75%的人辞职不是因为工作不满意，而是因为顶头上司的缘故。

波士顿职业发展公司凯斯通联合公司高级副总裁杰恩·马特森认为，出现这样的结果，问题在于对于上司所犯的错误，很多人从来不会进行坦诚的交流，也就是说，只要是遇到某些上司的过错，他们大多选择闭口不谈，结果常常致使这些问题也成了他们的问题。

比如在一项调查指标中可以看到这样一个现象：一些人碍于职场禁忌，没能及时指出上司的错误，结果问题因素一直延续到具体的订单、合同、业绩中，而这些问题最终会反馈到上司那里，于是上司发火指责员工，员工却埋怨上司做了错误的决定。

案例深刻地告诉我们：领导的错，从来不是领导一个人的事儿，领导犯错时不要抱着旁观者的态度等着看他的笑话，因为只要和领导在同一条船上，大家就是绑在一起的蚂蚱，一荣俱荣，一损俱损。

那么对于领导的错误，究竟该如何权衡呢？其实道理很简单，只要记住：不该出手时尽量"佛系"一点，该出手时讲求技巧就可以了。

有些错误不指出才是明智的

领导犯了错，不指出是一种处世哲学，以下两点要谨记：

1. 无伤大雅的小问题不必指出

如果领导只是唱歌错了歌词，像案例一中那位领导一样，如果你当面指出人家的错误，很可能给人家一个难堪，别说升职加薪年终奖了，就是顺利度过适应期都是个问题，所以对于那些不会影响公司经营、造成财产损失的大问题，没必要非要指出来。

2. 有损上司面子的问题不要当面指出

领导风格各异，有的领导乐于看到他的团队或下属质疑他的决策，而有的领导则不愿意接受批评意见，如果你拿捏不准领导的风格，切不可当面指出领导的错误，比如你的领导在某次会议上说了一个你明明知道的错误，这时最好不要当面指出，因为你的看似正确的做法无疑会让他大伤颜面，下不来台。相反，你可以选择事后去和领导沟通。

不得不指出错误时这样办

如果你明明知道领导错了，还硬着头皮执行他的命令，结果导致整个团队都在阴沟里翻船，这就不是明智了，而是愚蠢了。当遇到这种情况：你确信领导的错误将导致某个项目或公司付出惨重代价，那么请运用以下技巧指出领导的错误所在。

1. 设计好指出策略

毕竟向领导指错有点挑刺的意味，请设计好指出策略，以防有任何闪失。比如，你要懂得察言观色，设计容易让领导接受的开头，然后委婉地指出他的错误所在。另外，在指出错误时不要带着证据，以免让老板觉得你要摊牌。也不要以整个团队的形式去和老板沟通，以免让老板产生你们是一起来摊牌的坏感觉，并且你还是那个带头者。

2. 选择恰当的时机

一旦你决定要指出领导的错误，就要谨慎地考虑何时说以及如何说。比如要尽可能在私密场合向领导提出来，尤其要避免在有客户、下属或上司的领导的时候指出其错误。

3. 使用让对方舒服的方式

领导的面子通常都要比员工大一点点，所以大多领导也更爱自己的面子，指出领导的错误，选择让对方舒服的方式很重要。比如，你可以旁敲侧击或是隐晦地指出领导的错误。

蘑菇点睛：和领导说话，切莫突破他的心理防线

在职场中，有些人与同事能侃侃而谈，可是和领导的关系却无法和谐，领导毕竟是领导，他有他的心理防线，如果不注意一些说话的禁忌，口无遮拦，可连神仙都救不了你了。以下是一些和领导说话的禁忌，请把他"贴"在自己的脑门儿上，在和领导说话时记得先拍拍脑门儿，你就知道该说什么了。

1. 当众和领导抬杠

所谓抬杠，就是两个人在某件事情上较劲儿，谁也不服谁，同事之间偶尔抬抬杠无所谓，可是在和领导打交道时，千万不要抬杠，尤其是在一些无关紧要的事情上。请记住，和领导抬杠，无论输赢，最后的赢家一定不是你。

2. 先斩后奏

古代因为通信技术不发达，所以说话办事"先斩后奏"是情有可原的，可是身在现代职场，如果你还这样做，那么很可能落得个"知情不报，瞒天过海"的罪名，而且若是事情处理得好，领导可以不计较，而如果是个烂摊子，这个锅铁定你背，所以有什么事切忌夸下海口，也切忌先斩后奏。

3. 威胁领导

这个就厉害了，很多人总是动不动就拿离职或一些自认是"绝招"的撒手锏要挟领导，比如只要遇着一点小问题就去找领导："你要不解决，这活儿我真是没法干了。"请问，你这样威胁你的领导，你觉着谁会吃亏？

4. 为显摆自己，和领导抢话

很多人为了显示自己懂得多，知道的情况具体，喜欢和领导抢话，你是显摆了自己，可是领导丢了面子。所以当领导说话时，没轮到你，千万不要急着抢话。

5. 喜欢对领导指点江山

"指点江山，激扬文字"那是领导该干的事儿，而作为下属，我们更多的是为领导提供一些建议，所以无论自己个人能力有多强，对公司多有想法，也不能目空一切，对领导指指点点。比如领导让你出个主意，你可以把自己的想法说出来，但切忌拍板："就这么办了，这事儿最好这么办。"

6. 习惯和领导倒苦水

和同事倒苦水尚且是一件值得商榷的事儿，更何况是领导，可是有些人总是在工作还没开始之前就喊难，这样的下属是最不招领导待见的。其实领导分配任务对下属的能力是有考量的，铁定完成不了的事他不会非叫你去做，所以工作中有了困难努力克服就好了，千万不要和领导倒苦水，这不是显得你很没能力吗？

Chapter 5

别对下属端架子，放低姿态才聊得愉快

职场生存的方式千千万，其中的差别如果用一个词概括的话就是"姿态"。有端架子、高高在上的大佬，就有牢骚满腹的受气包。

对"姿态"的看法，万通地产CEO冯仑曾有这样一句话："在商场上，'蹲着'永远是最好的姿势。"

我认为这句话对于管理者很适用，因为唯有放低姿态，才能和下属有的聊；唯有放低姿态才能更亲近员工，拉近和下属的距离。所以本章的内容实际上是一个管理者的自我省察与经验分享。

下属犯了错，批评姿态要拿捏好

> 作为领导你应该明白，批评不是目的，而是为了解决问题，所以务必要拿捏好批评姿态，不要为了批评而批评。

批评者的姿态

当人受到批评时的第一反应是这样的：我真的错了吗？紧接着出于心理防御的作用，他的内心会开始寻找各种理由来为自己辩解，而这些在批评者的眼中可能被视为"强词夺理"，于是硬碰硬的批评就产生了，在这种非理性的情况下，双方会把批评当成是一种情绪宣泄，反而批评真正的目的却被忽略了。

这种情况在办公室很常见，面对下属犯的低级错误或是"狡辩"，作为领导很可能会亮出批评者的姿态，对下属展开轰炸式的批评，"你是怎么搞的?""这个问题强调了多少遍了?""怎么这么差劲"……结果就是下属被数落得灰头土脸，自尊心受到了一万点伤害，所谓的批评之词也会被选择性过滤掉。

而聪明的领导在批评下属时都会考虑到对方的防御心理和承受

能力，善用对方能接受的方式来表达批评意见。

实战案例

暑假的时候小希在一家咖啡厅当服务员，一次一位女顾客点了一杯无糖咖啡，小希因为忙乱把糖加在了咖啡里，这位很胖很胖的女顾客十分生气，因为她正在减肥，杜绝吃一切甜食。

面对女顾客的刁难，小希一下子愣在了那里，这一幕刚好被老板看到了，他走到小希旁边对小希悄悄说："如果我是你，我会马上跟她道歉，并为她换一杯无糖咖啡。"小希照着做了，虽然女顾客皱着眉头嘟囔了几句，问题还是解决了。

不过对于刚才的事，小希还是战战兢兢，因为她怕老板会责骂自己，所以等到客人都走光了，她还不敢下班。老板看到小希还没走，就轻轻地拍着她的肩膀说："如果我是你，我一定会利用空闲的时间熟悉一下各种食物的搭配和包装，这样就不会搞错了。"

小希原本以为老板会大肆批评自己，可是老板却很宽容地包容了自己错误，用委婉地方式提醒自己怎么做，小希很感动，以后工作更加认真了。

一般来讲，在批评下属时是一种居高临下的心理状态，可如果能够放低自己的姿态，以一种"如果我是你"的姿态和下属沟通，那么既照顾了下属的面子，又能让下属感受到自己的关怀之心，接受劝解也就自然而轻松了。

作为领导，拿捏好批评姿态是一件十分重要的事，如果拿捏得好，稍稍降低自己的位置，不以领导姿态压人，更容易让下属产生一种亲切感，而如果把握不好批评者的姿态，高高在上，即使气势上胜了一筹，实际上也会遭到下属的反感。

领导者应有的批评姿态

喜欢批评下属是一种很不好的习惯，很多当领导的都喜欢批评下属，以显示自己的权威，这是非常使不得的，而且这种以批评取得的优越感并非真正的优越感，要想真正赢得员工的尊重，在员工心里树立起权威，首先要树立起领导者应有的批评姿态。

比如，在批评下属之前要处理事情的出发点，了解事情的原委，给下属充分表达自己的机会，即使下属犯了错，也要给他一些鼓励，让他能够有信心解决下一次的问题。

几个批评下属的好方法

要想下属接受你的批评建议，认识到自己的错误，领导者应该掌握一些基本方法：

1. 换位说话

当下属犯错误时，领导者如果能站在下属的立场去说话，往往更能激发下属的自尊心，使下属产生内疚感，从而深刻反省，主动改正。比如，下属犯了错，要多体谅下属的难处，理解下属的苦衷，将批评的言辞替换为鼓励的话、安慰的话。

2. 三明治法

没有人喜欢批评，所以让人接受批评的最好方式是尽量不让对方感到在受批评，比如蘑菇头推荐的"三明治"法就是个好方法，即肯定下属的表现，接着指出其下属的问题，然后再提供一些建议、方法，常用句式，"……做得不错（夸奖），但是……（批评）如果（建议）……"

3. 讲个故事

所谓"忠言逆耳"，如果想要忠言不逆耳，不妨把批评的话蕴含在故事中，当然，前提是你心中有一本故事汇，且善于组织自己的语言。

这么说，你的下属才会听

> 培养肯听肯干的员工，能够解决企业管理中的大多
> 数问题，而怎么好好和员工说话是其中的关键。

管理者的压力源

很多时候，管理者遇到的压力往往不是来自上级领导，也不是
来自于工作，而是来自于下属员工，比如作为领导你可能会有如下
感受：你提建议的时候，下属要么是不断地解释，要么是沉默着不
说话；你给下属部署任务的时候，总是遭到各种语言抵抗；一心为
下属着想，下属却丝毫不理解你的苦心……

总之，在这场"遭遇战"中，你常常会不断抱怨：为什么没有
一个听话的下属呢？其实作为管理者，必然会遇到形形色色的下
属，与其怨声载道，还不如调整自己的沟通策略，学学说话的
技巧。

实战案例

正在外面出差的吉米被助理的一个电话催了回去，原因是助理

的一次失误，给客户造成了巨大损失。吉米很是恼火，因为诸如此类错误助理已经犯过一次了，但他心里知道，即使回去把助理骂一顿，客户的损失还是挽回不了，反而还可能激起这家伙的争辩与反抗——谁让自己没有跟他一块盯着项目呢？

吉米回到办公室，助理垂头丧气地走了进来，看来已经做好了接受批评的准备，吉米没有发火，反而是颇为淡定地问了助理一个问题："这几天辛苦你了，虽然发生了一些事情，不过好在你一直都在，现在你工作也已经两年多了，我想知道，如果你对自己的工作打一个分数，0～10分，你会打几分？"

"7分吧。"助理沉思了一下说。

"嗯，这个分数已经很不错了，你觉得自己哪些方面做得比较好？"

"和客户沟通比较有耐心吧。"

"嗯，我记得有一次遇到一个难缠的客户总是不肯签订单，最后还是你出了个主意帮我摆平的。"

"没有啦。"助理没有想到自己没有挨骂，还被经理夸了几句，顿时放松了下来。

"那么如果让你再提高1分，你觉着你应该怎么做？"

"我会把工作做得更细致一些，避免犯以前的错误。"助理想了想认真回答。

"嗯，很好，具体一点你会怎么做？"吉米进一步问。

"我会每天拟定前一天的工作计划，这样第二天的时候就不会手忙脚乱。对于工作中犯的错误，第一时间记录下来，而对于那些经常犯的错误写在便签上，随时翻看提醒自己，尽量避免发生昨天那样的情况。"

"嗯，你的想法不错，相信你会做到的。"

吉米给了助理一个鼓励，结束了这段对话，说来也奇怪，自从这件事后，助理确实认真了许多。

试想一下，如果吉米不是心平气和地和助理沟通，而是把助理臭骂一顿，很可能事情的结果就不那么美好了，说不定助理再任性一点还会拍拍屁股走人，最后的结果就是吉米不仅丢了一个助理，还得罪了客户。

我们能想到的，吉米也一定想到了，所以才有了上面的精彩对话，其实吉米在整个过程中运用了一些小技巧，比如先抛出一个问题，接着赞美下属取得的进步，之后再用积极的话语引导下属认识自己的问题，并知道怎么去改正错误。

让员工听话的几个小技巧

身在职场，作为管理者更应该懂得好好说话，尤其是在和下属说话的时候，一定要有几把刷子，那么怎么说话才能让下属听你的呢？

1. 用建议的口吻来代替命令

大多数人不喜欢被呼来唤去，所以指挥下属做事时尽量不要用命令性的话语，而是采用建议式的口吻，比如用"你可以试着这么做"代替"你必须这么做"；用"你可以试试其他方法"代替"你不能那么干"；用"你应该调整一下自己的工作进度"代替"你必须在月底之前完成任务"，等等。

2. 运用宽松的语言

管理者有时会以"不绕圈子"以及"直击要点"为傲，毕竟管理者担任公司领导者的职务，产生某种强大的气场错觉也是情理之中，不过这种方式更多的是一种自我享受，下属可不喜欢，甚至会采取一种防卫的态度。

所以，跟下属说话，应该采取较为宽松的语言，采取一种邀请者的姿态，而不是摆出指挥的架势，比如使用下列句式："如果我们……你觉得怎么样？""如果你能……""我们可以……"等。

3. 给予鼓励和信心

给下属适当的鼓励和信心能激发下属的工作动力，比如交给下属一件任务时可以说："我相信你能做得到！拜托了！"再比如和下属传达"公司支持他"的信息："有什么需要我帮忙的，尽管提出来，我一定请求公司帮你解决！"

4. 避免用否定词

如果我现在告诉你：千万不要想绿色，结果就是你一定想到了绿色，从心理学角度来讲，当人们被要求不允许做什么的时候，人们的第一反应往往是做什么。所以，要想员工执行命令，直接告诉他做什么即可，而不是叫他不做什么。

举一个很简单的例子，某些员工经常迟到，你不要说："以后别迟到。"而应该说："以后早点到。"

奉承下属是一种轻巧且实用的武器

> 人都有一种渴望被认可的心理，你的下属也不例
> 外，当你的下属费尽心思地干完一件事时，不妨对
> 他说一句："嘿，干得真不错！"

"马屁"也要反过来拍

传说元朝的时候，人们牵着马相遇时，常常要拍拍对方马的屁股，摸摸马膘如何，并顺带着夸上几声"好马"，以此博得马主人的欢心，可是后来有的人不管别人的马好坏、强弱，一味地只说奉承话，于是人们就逐渐就把对上司的奉承称为"拍马屁"。

其实作为下属，也希望自己的工作能被领导肯定，谁也不愿意自己辛辛苦苦地搞了半天，却得不到上司的一点认可，所以出于把公司搞好的目的，适时奉承下属两句也是很有必要的。

实战案例

《鹿鼎记》里，康熙皇帝派韦小宝去剿灭神龙邪教，捉拿假太后，可是韦小宝想到神龙教中高手如云，自己却只会点三脚猫的功

夫，不禁面露难色。康熙看到后连忙说："我也知道这件事犹如大海捞针，很不易办。不过你一来能干，二来是员大大的福将，别人办来十分棘手之事，到了你手里，往往便马到成功。我也不限你时日，先派你到关外去办几件事。你到了关外，在奉天调动人马，伺机去破神龙岛。"韦小宝看到皇帝拍自己马屁，便乖乖接受了。

其实，康熙所以完全可以直接对韦小宝下命令，让其在限定时间内完成任务，可是康熙皇帝没有这么做，而是奉承了下属几句，让韦小宝愉快地接受了任务。

康熙皇帝的这种做法暗合了现代管理学的思想——奉承的艺术，所谓"奉承"大多是由下属对上级领导完成的，不过，作为领导也要知道，笼络下属，奉承也是一件轻巧实用的武器，这会让下属觉得领导礼贤下士。

得心应手的奉承技巧

拍下属马屁要拍得自然，拍得得心应手，下面几个小技巧可以帮你做到。

1. 找重点拍

作为领导，不能见着谁都是一顿乱拍，这会让下属觉得虚伪、不真诚，这样的话也起不到什么作用，所以拍下属马屁要找重点拍，什么是重点？说白了就是那些技术骨干、重点培养对象、经验丰富的老员工。

2. 工作上要这么拍

很多领导在奉承下属的时候仅仅是论事奉承，最常见的是对工作的点评和赞美，其实这仅仅是最基本的奉承技巧，更高级的言辞技巧是不就事论事的奉承，比如，下属搞出一件新发明，如果你直接夸他取得的成绩，这些东西在他的心理预期之内，而如果你夸他在这件工作中是怎样不辞辛劳发挥价值的，那么他会相当受用。

3. 从日常细节入手

拍马屁不一定非要是工作上的事，如果能从日常细节入手，给予员工一些赞美和夸奖，也会让员工的心情很美丽，比如下属穿得比较潮流，你可以说："这身搭配很潮啊。"

拍马屁也需掌握火候

只要是拍马屁，就要掌握一定的火候，否则马屁拍不响，还会给人一种肉麻的感觉，把自己弄得很难堪，以下是拍下属马屁时两个需要注意的点。

1. 适可而止

拍下属马屁要适可而止，不要过火，不要肉麻，因为有的人可能并不太喜欢奉承，特别是一些技术型人才，如果你拍得太过，反而会引起对方的反感。

2. 不要临时抱佛脚

很多领导都是在任务来了，先把下属叫到办公室一顿夸之后就说"这项光荣而艰巨的任务就交给你了"，如果形成这样的套路，员工会很害怕听到表扬，因为表扬奉承，往往意味着艰巨任务的开始。所以，尽量不要让夸赞奉承变成颁布任务的代名词，而是应该用在平时，在关键时刻稍微激励几句就可以。

善用圆通之道：难出口的话尽量委婉些

在工作中，领导也会碰到一些难以开口的场面，尤其是在面对下属的时候，不开口影响关系，开口又怕折了面子。

那些难开口的事儿

假如你是一位非常负责、非常谦逊的领导，可是因为一件事情你对下属大发雷霆，事后你觉得不对，且愿意为了整个团队的和谐而承认错误，可是话到嘴边，却说不出口了，你怕下属会嘲笑你，怕丢了面子。

其实，诸如此类难以开口的事儿还真不少，比如，下属辛辛苦苦拟定了一份计划书，却不符合你的要求，你一方面要行使否决权，另一方面又不想打消下属的积极性；下属满怀期待地提出了一个建设性的方案，可是你由于疏忽大意或是事情太多，你忘记审阅了；由于某些原因，你想辞退一个刚来的新员工，或是一位消极怠工的老员工……诸如此类问题，当面对下属时，的确不好说出口。

实战案例

案例一：

A女士是某部门的经理，在一次谈话中，上级领导告诉她要辞掉其部门的小张，原因是小张平时工作懒散，眼高手低，领导很不喜欢，A女士在和小张沟通之后觉得很为难，因为小张表示非常想做这份工作，希望A女士给他一次机会，可是上级领导那边的态度也很坚决，A女士感到有点为难，不知道怎么该和小张说。

案例二：

刘工是公司的老员工，可是最近公司变革，老员工的竞争力明显不足，在一些事情的决策上总是跟不上形势，所以人事变动中，老板没有提拔他，而是选择了较为年轻有干劲儿的新员工。为此，刘工很不服气，工作也不那么上心了，甚至开始消极怠工，老板考虑了一番，想要辞退刘工，可是话到嘴边，怎么也说不出口。

辞退下属，是管理者经常要做的事情，可是如何巧妙地辞退下属，不伤害对方且不给自己带来麻烦，却是一件不容易的事儿，比如这两个案例中的情形。

案例一中，A女士是部门领导，上有大老板施压，所以辞退小张这件事儿是铁板钉钉，可是当小张恳求自己时，A女士又感到很是为难。其实A女士要认识到这两点：其一，自己只是向下属传达老板的意思，自己本身没有错，不用感到内疚、抱歉，所以在表达这件事上，应该做到诚恳、认真就好；其二，小张毕竟是自己的下属，而且向自己恳求给他一次机会，所以委婉的说辞是必需的，例如可以适当表达自己的无能为力和歉意。

案例二中，主角升为老板，但辞退的对象变成了老员工，谈辞退问题时更需要言辞技巧，切不可乱拍辞退信，否则很可能引起纠纷。例如，老板可以找该老员工一对一谈话，发自内心感谢老员工多年的付出，也同时告诉他公司目前的形势，另外如果可能，也可以给老员工介绍一份工作。

难出口的事儿这样说

其实作为领导，让你忧心的不只这些，很多时候，有些话必须要说，可是却难以出口，比如，和下属提降薪、降级时，自己犯错和下属道歉时，否决下属辛辛苦苦弄出来的提案时，等等。

1. 和下属谈降薪、降级

降薪、降职是公司里常有的事，有时候公司人事调动，某些员工被降职，作为领导的要学会安抚下属的情绪，这时千万记住不要用伤感情的字眼，也不要吞吞吐吐，而是应该诚恳地和下属做一番沟通，尽量降低这件事对他的影响。

而对于降薪这件事，如果说不好，会引起下属的反感，所以和下属谈降薪，沟通要有理有据，一定要让对方明白为什么要降，降的标准是什么，除此之外还要多顾及下属的感受。

2. 犯错后向下属道歉

在和员工的相处过程中，作为领导也不可避免会犯一些错，主动向下属道歉，不仅不是一种拉低身段的做法，反而能赢得下属的尊重。

在表达歉意时要包含这四个内容：承担责任，表达悔意，承诺保证以及补偿措施。常用句式："我意识到自己这么做给你和你的工作造成了一定影响，所以我很抱歉，我保证以后不会再发生这样的事情，对于这次的错误，我会采取一些措施来补偿你。"

3. 否决下属的提案、建议

有些领导有个毛病，凡是听到下属提的建议不合自己的口味，就会立刻表态否决，其实这是很伤人的做法，尤其是那些郑重其事提的建议被立马否决，会给下属造成很大的挫败感。

所以对于下属的提案、建议，正确的办法是稍微思考一下，不要立马否决，而对于那些辛辛苦苦的劳动成果，更应该重视一下，或者是和下属讨论讨论，这样最终否决的时候能够给下属一个心理缓冲的时间。

和下属谈谈心：拉近关系才能更好共事

当下，睿智的领导都会以一种寻常谈心的方式来与下属沟通，而不再像过去那样高高在上地发号施令。

会谈心的领导才是好领导

某天，新来公司的小明突然被老板叫到办公室谈话，小明当下脑子蒙了，第一反应以为是工作出了问题，于是小明战战兢兢地去赴约，结果是虚惊一场，老板找他只不过是谈谈心罢了。

有些中小型公司有约谈的制度，比如每个月的特定日期，老板或者部门领导会找部分人约谈，约谈的内容不定，不过大多是手头工作上的事。有的领导还会在工作之余和下属谈心、聊天，这都是最直接、最具亲和力的沟通方式。

谈心的形式有很多，比如微软公司专门给员工提供了一个供员工和高层人员交流的平台；美国英格拉姆公司的董事长还专门设置了一部员工直通电话；美国联信公司的董事长则每个月都要给员工写一封两页纸的信，而且这位董事长还擅长在餐桌上和下属谈心，所以不定期的早餐会也是别有心思。

你所在的公司可能比不了这些庞然大物，但是身为公司的管理者，不论在哪个层面，都应该有这种亲近员工的态度和做法。

实战案例

在距公司不远的星巴克咖啡厅，肖经理正在与员工小刘谈心，原因是他发现平日热情开朗的小刘近来却显得郁郁寡欢，总是心不在焉的样子，工作上也出了些小错。

一杯暖暖的咖啡过后，小刘开始吐露心事……原来小刘最近之所以情绪低落是因为他和谈了八年的女朋友分手了。在整个谈话中，肖经理并没有谈工作上的事儿，而是静静地听小刘倾诉，之后谈了谈自己的爱情观，谈了谈自己的看法。

对于上司的关心和理解，小刘觉得很惭愧，表示自己一定处理好工作和感情之间的关系。

发现小刘的心思没在工作上，肖经理直接反应是小刘有心事，所以肖经理并没有直接去批评小刘，而是选择了一个工作之余的时间点，倾听小刘的心事，而明白事理的小刘也主动谈及因为感情给自己工作带来的负面影响，并保证处理好感情和工作之间的关系。所以结果就是，经理达到了目的，小刘也得到了理解和安慰。

领导固然不是下属情绪的垃圾站，但是当下属有了情绪问题时，领导也应该帮助下属调节。

和下属谈心的几个小技巧

作为领导，怎么和下属谈心呢？

1. 充分利用一切谈话机会

与下属谈话分正式与非正式，前者在工作时间进行，后者在其他时间进行，在正式的谈话中，可以就工作上的事情和下属讨论，或是提一些具体的建议，在这个过程中言语不宜太严肃，也不易太放松，总体说来就事论事就好。而在非正式的谈话中，言语可以随意一些，谈论的内容也可以放宽一些，比如在进餐期间和下属唠会嗑也是不错的选择。

2. 利用好私人时间

人们都愿意和朋友谈心，而和上司谈心大多会感觉不自在，这就要求领导利用好私人时间，如选择下班后或午休的时间，地点也应该尽量避开办公室，选择咖啡厅、公园等场所，这样置身于自然环境或轻松的环境中时，会更容易交流。

3. 切忌公开谈话内容

和下属的谈话中有时会夹杂一些秘密和心声，这时千万不要把心中的想法告诉他人，如果被其他下属知道，再传到当事人耳中，他就会有被骗、被羞辱的感觉，进而质疑你的人格。

蘑菇点睛：与下属沟通的 6 种聊天姿势

聊天是一项技术活，重点不在于说什么，而在于怎么说，管理者在与下属聊天时常常会陷入一个怪现象，即常常成为话题终结者，把聊天气氛弄得很尴尬，其实这都是不会聊天惹的祸，如果能掌握以下几种聊天姿势，你的工作将事半功倍：

第一种姿势：巧用重点词语展开话题

许多领导在和下属沟通的时候习惯使用"封闭式问题"，"你们最近看……吗""你喜欢……吗""五一……吗"等，结果下属只能用YES／NO回答，接下来的话题也索然无味了。所以在和下属聊天时要尽可能避开这种封闭式的问题，转而利用重点词展开，即找准一个关键点，然后再围绕这个点展开。

【场景】办公室午休期间，你的下属都在讨论最近一本很火的书——《会表达就是说话让人舒服》。

1. 错误的开场方式

"你们看当当网的新书排行榜了吗？"

"×××，你觉得那本《会表达就是说话让人舒服》怎么样？"

得到的回应无外乎这样：看了／没看／一般／还好。

2. 正确的聊天方式

"最近一本《会表达就是说话让人舒服》很火爆，说是有康永哥的风格，你们觉得怎么样？"

"嗯嗯，不错呢，我很喜欢漫画里的蘑菇头，像是兔斯基的好朋友呢。"

"不会吧，蘑菇头怎么会和兔斯基是好朋友？"

结果就是你的一个话题引出了无数个话题，场子自然而然热起来了。

第二种姿势：用弯钩钓鱼的方式引申谈

"姜子牙钓鱼——愿者上钩"，可事实上下属不是傻子，如果你直勾勾地责问或批评，哪个会回应你？所以，在和下属聊工作上事的时候，要学会用弯钩的方式引申谈。

【场景】出去办事时正好与连续迟到的下属碰了个正着，你把下属叫到了办公室。

1. 错误的谈话方式

"公司不是你家，你连续迟到，是什么意思？"

"算上今天，你已经连续迟到3天了，你是不是不想干了？"

得到的回应一般是这样：沉默／解释／反驳。

2. 正确的谈话方式

"最近一直连续迟到，是不是有什么情况？"

"最近项目太忙，要经常加班熬夜，所以……"

"嗯，确实，你们组的这个项目是这一季度的重头戏，真是辛苦你们了，不过连续迟到也会对公司风气造成影响，所以能不能尽量早一点呢？"

结果就是下属愉快地接受了你的建议，表示尽量不迟到。

第三种姿势：设置悬念引起下属兴趣

有一个有趣的现象是，如果某个人对某样东西产生兴趣，可是却偏偏得不到，那么当他再次见到这个东西时，会引发他更大的兴趣。和下属聊天时，也可以类似的方法，即通过设置悬念引起对方的兴趣。

【场景】你手上有一件棘手的工作要安排给下属。

1. 错误的谈话方式

"这个任务紧急，你必须在明天之前完成。"

"尽可能赶在下班之前给我。"

得到的回应一般是这样：沉默／好吧／做不完。

2. 正确的谈话方式

"我当时完成一项任务的时候犯了一个愚蠢的错误。"

"哦？什么样的任务能难住老大？"

"这样，手头上有个活儿赶得紧，弄完了再告诉你。"

结果就是下属起了强烈的好奇心，同时干劲儿十足，因为这件事曾经难过老大，所以自己要好好表现。

第四种姿势：用幽默化解和下属的尴尬

与下属聊天时不免会遇到尴尬冷场的时候，这时幽默是最好的救火方式。

【场景】你突袭办公室，正好听到同事们在讨论聚餐的事儿。

1. 错误的聊天方式

"你们是很闲吗？现在是上班时间！"

"上班时间不准聊天。"

得到的回应一般是这样：沉默／抱怨。

2. 正确的谈话方式

"你们很闲吗？现在是上班时间。"

现场陷入尴尬，紧接着你可以说："我想说的是……以后有这样的好事儿请及时告诉我。"

结果就是你既警告了下属不能在上班期间闲聊，又缓和了因为言语造成的尴尬。

第五种姿势：用联系感熟络下属

在与新下属相处时，联系感是一种熟络对方的纽带，而且联系感越多，你和下属的关系也就越近。

【场景】你手下新来一员大将，你打算和对方熟悉一下。

1. 错误的聊天方式

"你也来自……吗？"

"听说你是……人？"

得到的回应一般是这样：嗯／哦／好巧……

2. 正确的谈话方式

"听说你的老家在×××，这么说来我们是老乡呢，出来打工都很辛苦的，所以有什么困难可以随时找我。"

结果就是你的下属感觉你很亲近，不再那么拘束了。

第六种姿势：善用故事拉近和下属的关系

作为管理者，会讲故事很重要，通过故事法，可以激起双方的情感共鸣，以此拉近彼此之间的距离。

【场景】在一次闲谈时，你想了解一下属过去的工作经历，拉近一下彼此的关系。

1. 错误的聊天方式

"说说你的工作经历吧！"

"记得你的工作经历很是传奇，说说吧。"

得到的回应一般是这样：好／明白／呃……

2. 正确的谈话方式

"记得那会儿大学刚毕业去一家公司面试，面对着西装革履的面试官，紧张得不知道说什么，后来……"

"我也记得我第一次面试呢，那是……"

结果就是你们讲述了各自的故事，你了解了下属的职业生涯，同时拉近了彼此的关系。

• Chapter *6* •

跟客户说话要"扎心"，订单不请自来

坦白地说，跟客户打交道的目的就是为了说服客户完成交易，而想让客户对产品产生兴趣并产生购买欲望，说话的方式一定要"扎心"，即把话说到客户的心坎里。

所以，本章将为你揭示的是诸多成功销售人士的"扎心"话术，请准备好纸、笔，端正坐姿，如果不出所料，一个伟大的销售员即将诞生。

善打感情牌：见面先聊"感情"

> 如今的销售已不再是产品之战，而是一场"交心"
> 之战，谁善于隐去销售的痕迹，取得客户的信任，
> 谁的胜算就会更大一些。

有意思的"warmup"

"warmup"本意为加热、热身的意思，可是如果你是美国通用汽车公司的一名销售人员，你会对这个词有别样的理解，因为大家都把这个词视为一项工作——感情工作，即在和客户沟通时要善于聊感情。作为一名销售人员，卖产品是第一位的，可是如果不懂得打感情牌，而是一味地推销产品，相信没有多少客户会买账。

蘑菇头有一次糟糕的购物体验，一次他到某电子大厦买电脑，可是刚一进门口就被几个穿白衬衫、黑西裤的销售员团团围住，他们争先恐后地介绍自己的产品，并热情地邀请蘑菇头去他们店里看看，虽然大家足够真诚，可是蘑菇头还是被吓了一跳，于是赶紧屏住呼吸，逃之夭夭。

当然，如今这种销售方式已经不再奏效，可是很多销售员还是

会犯类似的错误，即只顾得卖产品，不懂得拉感情。美国推销大王乔·坎多尔福认为："推销工作98％的是感情工作，2％是对产品的了解。"所以，在实际销售中，"拉"感情是一项很重要的工作。

实战案例

乔·库尔曼是美国的金牌保险销售员，有一次，乔·库尔曼准备去拜访一个大客户，这位大客户是个典型的工作狂，除了每个月至少要飞行10万公里外，还把自己的私人时间算到了工作里，这位工作狂人的名字不好记，库尔曼叫他罗斯。

在拜访之前，库尔曼给罗斯打了一个电话："罗斯先生，我是人寿保险的销售员，是理查德先生向我介绍您的，我想去拜访您，不知道您现在是否有时间。"

果然不出所料，这位繁忙的大客户回答道："你是想推销保险吗？已经有很多保险公司的销售员找过我了，我不需要，况且我也没有时间。"

库尔曼不想放弃这块大蛋糕，于是说："我知道像您这样的人会非常忙，但能否给我10分钟的时间呢？我保证不和您推销保险，只是和您聊聊。"

罗斯迟疑了一下回复说："好吧，那你明天下午4点过来吧。"

就这样，库尔曼得到了与客户见面的机会。

第二天，库尔曼按照约定的时间到了罗斯的办公室，与罗斯聊了起来，期间，库尔曼并没有谈自己推销的产品，而是聊了一些对方喜欢的话题，所以整个聊天过程很轻松，很快10分钟就到了，库尔曼说："罗斯先生，10分钟到了，我该走了。"

"没关系，我们再聊一会儿吧。"显然罗斯先生的谈兴正浓，不想就这么结束谈话。

于是库尔曼重新坐下来，而这次谈话，足足进行了20分钟。而库尔曼第三次拜访罗斯时，很快就把保险推销了出去，拿下了保单。

在销售时如果能和客户建立起感情，那么订单自然容易拿到手，就像是库尔曼一样。可是在日常工作中，很多销售员总是开门见山地推销产品，热情是好事，但是如果是初次见面就直接将销售的意图表露无遗，很容易遭到对方的拒绝，甚至还会遭到客户的反感，因为对于大多数人来说，对销售本身可能有一种抵触心理，更不喜欢带有强卖意味的销售方式。

因此，当与客户见面时，尽可能不谈销售的事，而是应先谈感情，等赢得客户的好感与信任后，再谈产品便会顺利得多。

见面聊"感情"的几个小技巧

聪明的销售员在与客户见面时不谈产品，而是先笼络感情，看看他们有哪些小技巧值得你学习。

1. 初次见面不谈销售

与客户第一次见面，说好的不谈销售就不谈，除非客户主动提及，否则不要介绍任何相关产品内容，如果这一点做不好，很容易失去客户的信任。

2. 不占客户太多时间

"能否占用您两分钟的时间呢？"说好的两分钟就两分钟，不可喋喋不休，两分钟的时间足够你留下对方的姓名和联系方式，为下一次推销做准备，当然如果客户愿意交谈，就可以展开话题了。

3. 少说多问，了解有用信息

在拜访客户时尽量多问问题，多听客户说话，而不是成为话匣子，一味地和客户抢夺话语权，这样做一来可以了解更多的客户信息，二来可以把单向沟通变为双向沟通，让客户主动参与进来。

4. 谈一些客户感兴趣的话题

不谈销售谈什么呢？谈一些对方感兴趣的话题，比如可以从简短的几句话中找到对方感兴趣的关键词，然后就此展开。

总之，这个过程中虽然不谈销售，但一定要引起客户的兴趣，获得客户的好感，为之后的产品推销打下基础。引起客户的兴趣、激发客户继续交谈的意愿，这样才能为自己赢得更有利的局面。

说好第一句话等于 50% 的订单

> 良好的开端是成功的一半，而成功的推销首先从说
> 好第一句话开始。

说好第一句话等于 50% 的订单

有经验的销售员在每次拜访客户前，都会把自己精心打扮一番，当然这里所说的打扮可不仅仅是面子工程，还包括在言语上下功夫，即精心设计好对客户说的第一句话。所以你会看到，这些销售员往往能赢得客户的欢心，同时还能激起对方的说话兴趣，从而给对方留下良好的第一印象。

为什么说好第一句话这么重要呢？这就好比是你到超市购物，如果某件商品能刺激到你的第一感官，那么就可能引起你的购买欲望，而那些第一印象不入眼的商品就会被你选择性忽略掉。同样，当你说出第一句话的时候，你对面的客户已经有了大致的判断，如何采取下一步关键性的举措：毫不客气地走开或者是继续和你交谈下去。因此，作为一个推销员，一定要注意从一开始就要迅速地抓住客户的注意力，以便保证自己的推销活动能够顺利地进行下去，

因为有句话是这么说的：说好第一句话等于50%的订单。

实战案例

小A是某4S店的汽车推销员，对于推销产品，他有一套独到的见解，亏得蘑菇头软磨硬泡，才得到了小A的销售秘籍——针对不同客户，说好第一句话。

据小A观察，进店的大致有四种类型的顾客：

第一种是东张西望型，这类顾客对陌生的环境缺乏安全感，心理上处于戒备状态，且可能缺乏购车经验，对于这类顾客，小A通常会这么打招呼："您好先生，我叫小A，很乐意为您服务，您来我们店就是我的客人，买不买车没关系，我会尽我的可能给您提供帮助，您是自己先逛逛熟悉一下还是我给您拿些车型资料看看，顺便帮您倒杯饮料呢？"据蘑菇头说，大多数顾客因为一杯饮料的诱惑接受了小A的"邀请"。

第二种是随便看看型，蘑菇头就属于这种类型，对那些热情过了头的推销员很是反感。其实这类顾客多半是因为对车不熟悉，想要通过熟悉展厅来缓解一下紧张情绪。对于这类顾客，小A会这么说："那您先自己看看，有什么需要随时叫我，不管您买不买我都会很乐意为您服务。"

第三种是直接看车型，这类客户有比较直接的购车意愿，也比较熟悉购车的流程，遇到这类客户，小A都是这么说的："您好，你肯定很懂车吧，而且非常有眼光，这款车是今年的最新款，同时也是同级别车中空间最大，同价位中最具性价比的一辆车，您可以打开车门感受一下车内空间及配饰。"

第四种是直接问价型，这类顾客往往是价格导向型客户，对车的价格比较关心，对于这种顾客要转化他对价格的注意力，比如从车的性能和价值上削弱价格对他的影响，所以小A通常会这么和客户展开聊天："您真有眼光，这辆车是这个月最新上市的，最大的特点是无与伦比的配置和性能，所以可能会贵一些。"

专家们在研究销售心理时发现一个现象：在一场洽谈中，客户对刚开始的30秒钟所获得的信息更为关注。所谓"好的开始等于成功的一半"，与客户搭讪的第一句话往往决定着我们是否能够取得客户的喜欢与信任，所以作为销售人员，一定要把第一句话说好。

搭讪客户的话这么说

作为推销员怎么搭讪客户，说好第一句话往往决定着销售的成败，下面是搭讪客户的几个小技巧。

1. 赞美搭讪法

每个人都喜欢听赞美的话，客户也不例外，如果你能把客户拍上天，一定错不了："林总，您这办公室的设计真别致。""听说您最近的新产品刚上市，市场反应很不错呢。""这是您家孩子吗？好可爱啊。"

2. 好奇心搭讪法

好奇是人类行为的基本动机之一，所以作为销售员完全可以利用客户的好奇心制胜："您知道世界上最懒的东西是什么吗？""您希望缩短货运时间并为公司增加两成利润吗？""说真的，我一提起它，也许你会不耐烦地把我轰走。"

你想知道这三个问题的答案吗？如果想，那么我的目的就达到了。

3. 转介绍搭讪法

人人都有"不看僧面看佛面"的心理，所以不妨告诉客户，是他的亲友要自己来找他的，那么接下来的销售也会容易得多，如"李先生，是您的好友周先生要我来找您的，他觉得您可能会对我们的产品感兴趣。"

4. 问卷调查法

利用调查的机会隐藏销售的目的，这是很高明的一招销售技巧，比如说："小姐您好，可以耽误您几分钟的时间吗？我是××公司的健身顾问，我想邀您做一份简单的问卷调查。"

"您经常锻炼身体吗？"

"您觉得锻炼身体有哪些好处？"

……

营销赞美法：客户开心，交易就成了

适当的赞美会让客户产生一种错觉：这个世界上只有你懂得喜欢他（她）和赞美他（她），既然把钱送给谁都一样，为什么不快快乐乐地送给你呢？

赞美式营销理论

多赞美客人，即在客人美容的同时通过赞美来满足客人的心理需求。

顾客受用这套方式吗？答案是显然的，大多去店里做美容的顾客都抱着一颗爱美的心态，如果美容师善于言辞，说一些夸赞的话，自然很容易撬开客户的钱袋。

实战案例

新年新气象，蘑菇头也神气了起来，因为蘑菇头找到了女朋友，要带女朋友去做美容，在美发店的时候蘑菇头发现一个很有意思的现象：好多顾客来理发店本来只是打算修剪一下自己的头发，可是经过美发师的一番劝说，大部分都拉直或者烫染了，理发师跟她们说的话都差不多：您的头发可真好啊，如果拉直了会让您看着更年轻；您的头发如果烫一下，会让您的脸看起来很小，会漂亮多了；您不染一个颜色么，这么漂亮的头发染个颜色那绝对会让您看起来跟大明星一样的……就这样，蘑菇头钱袋扁了一些。

蘑菇头的女朋友要去做美甲，本来只是想在指甲上染点颜色的，可是又被美甲师的一套夸赞弄得晕头转向，美甲师是这么说的："像您这么漂亮的手，这么白的皮肤，做个法式那绝对漂亮死了，如果你不做法式，我都觉得对不起这么漂亮的手……"结果蘑菇头的钱包很快空空如也了。

在消费这件事情中，大多消费者不是很理性，起码表现得没有那么理性，尤其是面对赞美式营销的时候更是毫无抵抗力，反过来，这一点可以给我们很多启发，即用赞美式营销让客户开开心心地掏钱。

赞美式营销的原则

以下是赞美式营销的几个原则：

1. 向事实靠拢

有太多的"赞美"说的不是事实，是违心地往别人脸上贴金，虽然很多人都喜欢这种恭维话，可是也很容易引起反感，所以赞美的话一定要向事实靠拢，做到真诚，请看下面两句话：

"大哥，您精神真好，七八十岁的人看起来跟四十来岁一样！"

"大哥，您和我爸爸的年纪差不多，可是您的精神面貌就要好多了，你有什么秘诀吗？"

第一句话赞美有点夸张虚假，对于那些性格开朗的客户还是有作用的，而如果遇到性子直、爱较真的客户，很容易适得其反。而相比第一句话，第二句话就真诚地多。

2. 适可而止

赞美式营销不是滔滔不绝地夸人，也不是满嘴跑火车，对客户胡乱一顿捧。要记住言多必失，话说太多也会露出破绽，比如，如果你没缘由地对客户一顿吹捧，客户会很容易看出你甜言蜜语后的销售动机。所以赞美这件事儿最好做到见好就收，适可而止。

几个干货技巧

除了基本原则的掌握外，你还需要一些干货技巧，比如：

1. 聚焦式赞美

大多数销售员在赞美客户上从来不会吝啬："哎呀，美女,你好漂亮啊""您身材真好""您真有气质"……可是这些话对于那些听得耳朵起茧的客户来说，并没有多大的杀伤力，而如果能聚焦到对方身上某一个或几个点上，那么情形就截然不同了。

"一看您就是一个非常识货的人。"

"说实话，能够对产品有如此深刻的了解,一看您就是个行家。"

相比第一句话，第二句话往往更受用，所以当赞美对方时，不妨试试聚焦赞美法，即对方身上的某些细节进行赞美。

2. 于无形中赞美

在武侠小说中最高深的功夫莫过于无招胜有招，同样，最高明的赞美应该也是无形的，比如："杨先生，您在××公司上班啊？我每次下班的时候都会经过那里，很气派的办公楼，我总觉得，能在这里上班可真是让人羡慕的事。"

3. 精神赞美

每一位顾客都有一颗高贵的灵魂，所以不妨从精神层面去赞美对方，比如，赞美对方的品位："听说您在退休之前是一名服装设计师呢，怪不得今天您这样搭配，真让人耳目一新。"再比如赞美对方的品质："很高兴能和您谈这么长时间，您真是一位体贴的男士呢。"

4. 随声附和

在与客户的交流过程中，附和对方往往代表着赞同对方的观点，这在心理学上称为"承认"，而且所有人都喜欢得到别人的"承认"，因为这是一件体现自我价值的事。所以，在销售中，如果能附和客户的观点，用诚恳的敬意和真心去满足对方对自尊感的需求，也不失为一种巧妙的赞美方式，比如当一位顾客拿起一瓶葡萄酒时，你可以这么说："先生，您真会选，这可是我们店里最好的葡萄酒……"

示弱营销：博取客户同情也能促成买卖

> 单一的进攻式说服不是获得销售目标的唯一方式，
> 巧妙地向客户示弱，也能促成买卖。

示弱是一种哲学

经历过学生时代的你不知是否留意过这样一个现象：在班上，如果经常考第一名的学生如果偶尔出现成绩下滑，偶尔逃课，或是偶尔和同学吵吵架，那么他会更容易和大家打成一片，而那些一贯的好好学生，则更容易被其他同学所孤立。

这其中暗含着一种示弱哲学，人们普遍都有一种心理，即对比自己强大或与自己势均力敌的人怀有警惕心，而对比自己弱小的对手会则放松警惕，所以适当示弱不失为一种处世哲学。

然而，在与客户沟通的过程中，一些销售人员恰恰相反，经常扮演着进攻者的角色：为了达成销售目标毫不妥协地坚持己见，不断地说服客户认可产品、接受产品。事实上这种做法常常会引得客户的不满，而如果能巧妙地利用示弱的方式与客户交流，往往能达到意想不到的效果。

实战案例

蘑菇头最近快和老板闹掰了，原因是老板不给他配电脑，于是蘑菇头想改行做点小生意，他发现小区楼下新开了一家鞋店，老板的生意非常火爆，蘑菇头提了二两酒去向老板取经，酒过三巡，老板如是说：

"如果有顾客到店里来总是挑三拣四，把你的鞋子说得一无是处，这时千万不要跟他们急；如果有顾客头头是道地跟你说哪种皮鞋最好，价钱又便宜，样式和做工又怎么怎么样，也不要跟他们较真，因为和他们争论是没有一点用的，他们这样说只不过想以较低的价格把皮鞋买到手而已。所以，你要想卖出鞋子，就要学会示弱。"

蘑菇头一副恍然大悟的样子，点了点头问："那么怎么示弱呢？"

"很简单，你可以赞同对方眼光确实独特，很会挑鞋，自己的皮鞋确实有不足之处，如款式不够新潮，不过样式还算经典，不容易过时；鞋底不是牛筋底的，不能踩出'笃笃'的响声，不过，柔软一些也有柔软的好处……总之，你在表示鞋子不足的同时，也侧面赞扬一番鞋子的优点，也许这正是他们看中的地方呢。"

听完老板的话，蘑菇头闷头思索了一番，然后在笔记本上写了这么一句话："在销售时，只要你善于示弱，满足了对方的挑剔心理，一笔生意很快就会成功。"

我们习惯于同情弱者，那些完美、强硬的人往往只会增加我们的对抗欲和戒备心，而且几乎每个人都有一种天生的嫉妒心理，适当示弱则能很好地化解别人心中的那份嫉妒，同时激发别人心中的同情心。

当然，我们所说的"示弱"并不是真的示弱，而是说要顺着顾客的想法，用一种曲折迂回的方法来俘获顾客的心。所以，如果你想获得更多的订单，不妨学学示弱营销，通过博取顾客的同情来促成买卖。

示弱营销的几个小方法

以下是我总结的示弱营销的几个方法：

1. 称呼上的示弱

销售是一个很容易让人飘飘然的行业，特别是对那些业绩不错的销售员来说，不知不觉会产生自傲感，这样很容易给客户一种距离感，所以示弱营销可以从称呼上下功夫，比如你的年纪如果比客户小，你可以说："我是××公司的销售员赵××，您就叫我小赵吧。"

2. 交谈中适当让步

适当让步可以博得顾客的好感，这是示弱营销中经常使用的一个方法，比如，在保证利润的前提下进行价格方面的让步；根据顾客的诉求提出解决问题的折中方式；就折扣方面尽量向顾客倾斜，等等。

3. 让客户感到你的难处

在让步的同时要明确告诉客户，你做出这样的决定是很艰难的，比如当客户提出某项要求时，你可以明确告诉对方难度，如顾客看上了一件新上市的春装，你知道可以打折扣，但是最好不要立马表示出来，而是可以通过请示领导的方式，让折扣成为成交的重要砝码。

4. 把握度量原则

过分示弱同高傲一样令人反感，销售员不能为了示弱而把自尊心丢到一边，否则，也是无法成功销售产品的，因此，向顾客示弱一定要把握好"度"。比如，有些销售人员一遇到客户拒绝就装可怜："我家在外地，一个人在这边，家里还有弟弟要上学……"这招偶尔会管用，但是也很容易碰钉子。

蘑菇点睛：销售卡壳，这么接话能挽回客户

就像是谈话遇到卡壳一样，在销售过程中也很容易遇到卡壳现象，如果销售人员接不好话题，到手的销售机会很可能转瞬溜走，下面是针对较常见情况整理的几个接话小技巧：

1. 当客户说"我考虑考虑时"

在销售过程中，经常遇到这样的现象：无论你多么热情地推销商品，顾客还是摇摇头说"我考虑考虑"。其实他们不是真的在考虑，只不过是用这句话来拒绝你罢了。遇到这种情况，该怎么回答才能赢回客户的心呢？

首先，要大方礼貌地询问对方考虑的内容和原因，为销售争取一线生机；接着，要争取用最简练的语言介绍商品的优势，或者进行同类产品比较，以争取在最短时间内让顾客重新认识商品；然后，利用一些方法让对方有一种紧迫感，如告诉对方现在商品正在打折，如果现在不买，很可能错过这村没这店；最后，通过商品的使用价值、性价比等来增强对方的购买欲。

2. 当客户说"别家更便宜时"

人人都希望买到物美价廉的商品，所以货比三家自然避免不了，

与此相反，销售人员的职责是留住客户，让客户"只此一家"，那么当客户说"别家更便宜"，想去别家看看时该怎么办呢？

首先，要突出自己产品的独特之处，意在告诉对方，这些优势是竞争对手没有的；其次，把着眼点放在产品的使用价值上，告诉对方产品能为他带来多大的好处和价值；最后可以通过比较法，将自己产品的优势体现出来，比如，其中一个小技巧是用自己产品的长处与同类产品的短处比。

3. 当客户说"我没钱"时

客户说"我没钱"的时候，代表的含义有很多：可能真是差钱，这时你就要向他推销性价比最高的产品，或是带他到折扣区看看，或者帮助客户解决支付难题，如分期付款。

客户说没钱也可能是想压低成交价格，一般遇到这种情况，可以这么说："我们都希望购买的产品同时具有三个优势：良好的品质、优良的售后服务和低的价格，可是现实中，我从没见过哪家公司的产品能兼具这三大特性，而且不同产品的定位很明确，价格高的产品必然在品质、材料和性能上更好，所谓'一分价钱一分货'，如果你想要最好的体验，多投资一点也是很合理的，您说是吗？"

4. 当客户说"我做不了主"时

在销售的过程中，销售人员常常会遇到类似这样的尴尬问题：自己满怀热情地给客户介绍产品，客户也很满意，本以为胜券在握，突然客户来了一句"我得回去和家人商量一下，这个我做不了主"。

所谓"做不了主"其实可能有两种可能。一种正如客户所说，他真的做不了主，这时可以询问对方决策者是谁，并借客户之口向决策者发出邀请。另一种可能是客户并不是真的做不了主，而是压根不想买，这时就要认真分析客户拒绝的原因了。比如，是否是自己没有介绍清楚来意和身份；是否是因为没有洞悉对方的顾虑；是否是因为没有说到点子上，没能引起对方的兴趣……

Chapter 7

不拆台、不揭短，朋友相处要有分寸感

"蘑菇，你为什么泪流满面？"

"我在听Eason的《最佳损友》，老板你有损友吗？"

……

每个人都有自己的朋友圈，而圈子里有一种神奇的动物，他们自认为彼此关系很铁，所以说话时常常毫不隐瞒自己的观点和看法，偶尔喜欢搞怪犯贫，甚至对彼此口无遮拦、指指点点，这类动物被人们亲切地称为"损友"。

其实，从界限感的角度来看，损友这种相处方式是有点危险的，因为如果一旦把握不好分寸，超越了界限，彼此的"损"就会成为一种伤害，一段友谊就此拜拜也是有可能的，所以这章我们不谈"公事"，聊聊朋友之间的分寸感。

全民话题：互损会让友情更亲密吗

蘑菇头最近和好朋友闹掰了，原因是朋友经常损他，尤其是遇着某些着急的事情时就会指着蘑菇头的脑袋损他："你这个蘑菇脑袋。"蘑菇头为此很不开心。

其实，在现实生活中，我们经常可以看到好朋友之间"互黑揭短"，有人说互损是朋友之间亲密关系的表现；而有的人却觉得，互损不但不会巩固友谊，甚至还可能伤害彼此的关系，对此你是怎么看的？以下截图是百度"全民话题"某一期的话题，你赞成正方还是反方的观点呢？

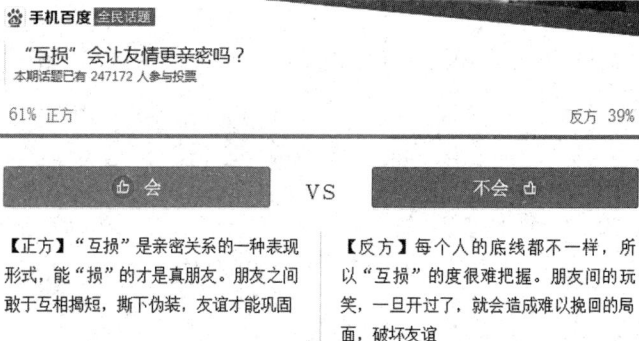

手机百度 全民话题

"互损"会让友情更亲密吗？
本期话题已有 247172 人参与投票

61% 正方   反方 39%

会   VS   不会

【正方】"互损"是亲密关系的一种表现形式，能"损"的才是真朋友。朋友之间敢于互相揭短，撕下伪装，友谊才能巩固

【反方】每个人的底线都不一样，所以"互损"的度很难把握。朋友间的玩笑，一旦开过了，就会造成难以挽回的局面，破坏友谊

注：图片数据采集于2018年4月26日17时24分，内容仅供参考。

可以互怼玩笑，但请别戳别人的痛处

朋友说："我要努力读书了！争取期末考个全班第一！"你说："加油！人丑就要多读书！"朋友说："我刚买了一条裙子，超级漂亮。"你说："人丑穿什么裙子，别多作怪了。"你自以为这是幽默，其实是一种伤害。

你的身边有损友吗

对于损友，百度词条是这么解释的：在现代生活中，损友一词也渐用于形容喜欢胡闹、爱犯贫搞怪的、有点牺牲小我娱乐大家的朋友。那么你的身边有损友吗？相信在我抛出这个问题的时候，你的脑海中一定想到了某个人，没错，就是那个家伙，总是在你出丑的时候笑得最灿烂，总是喜欢制造各种搞怪来坑你，总是在言语上把你怼得体无完肤。

总之，现在很流行损友一说，"互黑""补刀"已经成为朋友间的一种交流常态。你的身边或许也有一两个损友，平时大家互怼几句，开开玩笑很正常，但是请记住，与朋友之间的互损一定要建立在尊重的基础上，因为每个人都有不可触摸的底线，朋友也不例外，如果你不注意，总是喜欢拿人家的痛处或底线来开玩笑，即使你们关系再好，友谊的小船也可能说翻就翻。

实战案例

小A个子小、麻子脸，家境也不是很好，和她一起合租的是几个城里女孩子，打扮得都很精致，小A性格比较腼腆，而舍友们大多大大咧咧，属于性格直率的那种。

一次，小A买了一条新裙子，大家都一致评价买得不错，穿上也很好看，其中一个舍友摸了摸衣服的布料，随口问："这裙子多少钱买的？"

"99啊。"小A回答。

"太贵了，我家附近这种款式的裙子只要一半的价，还比这布料舒服得多，果然是白富美呀，随便买买买。"

小A本身就对"白富美"这个词不是很感冒，现在听来，更感觉朋友是在讽刺自己，于是当下拉下了脸，而舍友却显得很委屈，因为在她看来，自己仅仅是开了个玩笑而已。

小A家境不好，长相一般，所以和舍友口中的白富美实在相差太远，而舍友却没有注意这一点，随口玩笑无意中戳到了小A的痛点，把气氛弄得很尴尬。

我们希望在友谊中收获欢乐和陪伴，却不能忽略，一些不经意的"玩笑"，讲起来自己觉得好玩，可是对于当事人来说却未必如此，也许在你看来不是过分的事，但偏偏就是别人心里最介意的点，所以即使是再好的朋友，开玩笑也要有度，不要随意戳别人的痛处。

朋友之间这样开玩笑不过火

戳人痛处的玩笑不好笑，不过火的玩笑才是好玩笑。朋友之间开玩笑，请注意以下几点：

1. 弄清楚朋友的接受程度

开什么样的玩笑和朋友之间的亲密程度有关，也和朋友的接受程度有关，一般来说，对于刚认识的朋友来说接受不了那些大大咧咧的玩笑，而对于那些老朋友，可以适当地互怼几句，不过也要注意不能拿其私事、痛处或是不愿意提及的事作为自己的谈资。

2. 避开那些禁忌话题

你正在要坐飞机回家，朋友自以为幽默地来了句："你竟然敢坐飞机，乖乖，你会失联的。"相信你不会喜欢这类玩笑的。

因此，幽默不是口无遮拦的玩笑，那些关于尊严、爱情、家人和生命的玩笑，谁都不能接受，比如不能拿对方的弱项开玩笑、不能拿对方的家境开玩笑、不能拿对方的另一半开玩笑，等等。

3. 明白开玩笑的目的

朋友之间互怼玩笑的目的是活跃气氛，加深感情的，但是如果以开玩笑之名进行调侃、挖苦或者是嘲讽，那么就失去了玩笑的意义。若是真有不满，开诚布公总比指桑骂槐更显得光明磊落。

朋友也要面子，请不要当众揭短

很多人的短处有时候就是自己心底的秘密，所以聪明的人永远不会拿别人的短处说事儿，也不会当众揭他人的短！

有句古话叫……

有句话古话叫"打人不打脸，揭人不揭短"，这句话大概是中国人特有的，因为中国人特别重视自己的脸面。

"揭人不揭短"，何谓揭短？百度词条给出的定义是这样的：指将别人的短处揭露出来，公之于众。这里的短处，可以指人的缺点、过去的创伤、经历等，这么看来无论是打脸还是揭短，说的都是面子的事儿。

现在我们把话题缩小一点，专门谈谈朋友之间面子的那些事儿，先来看一个有趣的故事。

实战案例

明朝开国始祖朱元璋在出名之前是个十足的土包子，放过牛，

要过饭，还当过和尚，

现在当皇帝了，一时风光无比，昔日的那些"哥们"想找他叙叙旧，实则是想从他身上捞点好处和实惠，可是朱元璋是个很要面子的主儿，很怕这些人揭自己的老底儿，所以常常把这些人拒之门外。

但也有例外，有一次，朱元璋儿时一个关系"非常铁"的老友找他，这位淳朴的老兄见到朱元璋后丝毫不拘谨，依然把他当成儿时的玩伴，所以一见面就当着文武百官的面大喊："恭喜啊！朱重八（朱元璋幼名），多年不见都当上皇帝啦！"

朱元璋一听很不高兴，但念及旧情，就支支吾吾搪塞过去了。没想到这个朋友又说："重八，当年咱们一起玩耍，还都穿着开裆裤呢！你记得吗，当年你偷东西，我还帮你挨过打呢！有一次咱俩一块偷豆子吃，豆子还没煮熟你往嘴里塞，结果豆子卡在嗓子眼儿了，最后还是我帮你弄出来的，哈哈，咱们的这些童年趣事你还记得吗？"

此时，宫殿上一片寂静，坐在龙椅上的朱元璋脸色铁青，心想此人太不懂规矩了，居然当着文武百官的面让我下不了台，于是盛怒之下下令把这个穷哥们儿杀了。

这个梦想着升官发财的老朋友不仅没有用旧事拉近自己和朱元璋的关系，反而戳到了朱元璋最不愿意提起的伤疤和短处，结果引火上身，把自己给害了。

那么为什么人们这么不愿他人揭自己的短呢？一方面是因为所

谓的面子问题，另一方面，揭短会唤起当事人对过往经历的糟糕体验，出于趋利避害的本能，人们本能地拒绝那些负面情绪。

朋友之间相处，虽然看起来不用在意这些细节，但其实不然，朋友也要面子，面对你的当众揭短，他选择不说破，不是他不生气、不反感，只是因为你是他的朋友，他懂得照顾"朋友"这层关系，照顾你的面子。而他选择说破，不仅仅是因为他性格耿直，更可能的是他已经到了一个忍耐的极限点，而这也往往预示着你们的友谊关系可能终结。

所以，与朋友相处，也不要太过大意，照顾好朋友的面子，切忌当众揭他的短，这样你们的友谊才能更长久。

避免争论：口头上赢了，实际上输了

每当别人和你看法不同时，你就一定把对方讲到哑口无言，看起来你的嘴巴蛮厉害的，可问题是，在口头战胜别人真的能给你带来快乐吗？

老虎和狮子打架谁更厉害

如果你经常逛贴吧、逛论坛，会发现一场很有意思的争论，在这场辩论中，辩证双方会经过各种严密科学的论证和逻辑分析来证明自己的观点：有引用数据的，有制作表格的，有粘贴学术论文的，有洋洋洒洒自我论证的，总之，如果你不知道的话，还以为大家在进行一场专业的学术辩论呢，然而事实上他们仅仅是在争论这样一个让人啼笑皆非的问题——老虎和狮子打架谁更厉害。

虽然这些言论里大多挂有"逻辑""证据""事实"等专业性的词汇，但是想必大家和我一样感到十分不解——这种问题有什么好争的？还费那么大劲儿？因为不论怎么看，这个问题都是没有意义的。

首先，狮子生活在非洲，老虎生活在亚洲，它们根本见不到，又怎么会打起来呢？其次，两种动物的习性不一样，所以根本没有办法去设定一个公平的对决平台。最后，狮子老虎的输赢跟你有关系吗？狮子和老虎都是猫科动物，他们之间的血缘关系绝对都比你的近，如果很不幸你们在茫茫大草原上相遇了，那么他哥俩也绝对不会掐起来，反而很可能对你做一些怪怪的事情。

"老虎和狮子谁更厉害"，这个命题如果换个主语，换种表达方式，其实囊括了我们生活中90%的争论，并且这些争论往往根本没有答案，也没有争论的意义，除了浪费口水和精力外，并不会显得你有多么博学多识、口才出众，反而糟糕的是，不休止的争论会让人生气，会影响朋友之间的情谊。

实战案例

蘑菇头的女朋友（暂且叫她可可）喜欢吃甜食，特别是夏天的时候，造型别致、美味可口的冰激凌是可可的最爱，这不，虽然一杯新上市的"夏日蜜恋"冰激凌要35元，但是蘑菇头还是很大方地掏出了扁扁的腰包。

过了两天，可可和朋友们在一起聊天，她们几个都是"美食家"，几句话就转到了美食上，其中一个朋友兴奋地说："我最新发现啊！咱们楼下的冰激凌店新推出了一款冰激凌，看起来很可口，要不要一起去品尝一下？我表妹吃过后说味道好极了，而且才25元一杯。"美美为自己新发现的美食而沾沾自喜。

"怎么会是25元呢？明明35元好不好。"可可不客气地纠正了美美的价格错误。

"就是25元啊！我表妹亲口对我说的！"美美不服输地争辩着。

"我刚吃过我怎么会弄错，明明是35啦。"可可毫不示弱。

······

短短几个回合，两个人争得面红耳赤，最后可可小胜一筹，朋友气呼呼地走了，可可感觉自己胜利了，可是事实上，大家都很尴尬，相继借口有事走开了。

一个冰淇淋的价格有什么好争论的？可是有时候就是很奇怪，我们总在一些无关紧要的事情上表现出好胜的一面，结果往往赢得了口头上的胜利，却失去了朋友的好感。

其实，争论中不会产生真正的赢家，即使是哪一方表面上似乎占了上风，但从本质上说还是输了，为什么呢？因为就算你把对方驳得体无完肤，除了沾沾自喜外，根本得到任何其他好处，你的好胜心反而让对方的自尊心受到伤害，让对方很没面子，甚至让对方反感你、讨厌你，如此一来，你的人缘又怎会好呢？

有一句很经典的话：每个人，都是自己那片小领土的国王。既然大家都是自己的国王，当然谁也不乐意被别人教训。所以千万不要做一个入侵者，随意冒犯他人，尤其是在一些无所谓或是不值得争论的问题上莫钻牛角尖，学会这一点，你也就学会了怎样和朋友相处。

避免争论的几个小技巧

朋友之间的言谈会多一些，三观相合的朋友之间通常会相处和谐，但事实上，朋友之间有很多奇葩组合，甚至那些八竿子打不着，没有多少相似之处的也能成为朋友，不过这些朋友之间相处，问题也会多一些，以下是几个避免争论的小技巧，灵活运用的话，可以避免由争论引发的友谊问题哦。

1. 避免无意义争论

两个人想法不一样很正常，即使是再好的朋友，为人处世也会有差别，有争论不稀奇，但是请不要在那些无意义的话题上绕圈子，否则很可能由争论话题变为情绪宣泄。

2. 换一种表达方式

当你准备好跟你朋友讨论一件事的时候，一定要避免使用"你总是"或"你从不"这些词语。相反，你应该换一种表达方式，把那些难听的话用一种委婉的方式表达出来。

比如，你和朋友约定见面，可是朋友迟到了，这时不要责问朋友什么迟到，或是埋怨朋友总是迟到的问题，而是应该这样说："发生什么棘手的事情了吗？平时你都很准时的，当我开始担心你会迟到后，自己傻坐在这儿也不知道该干些什么。"

3. 学会克制言语及情绪

在和朋友讨论的时候，要学会克制自己的言语以及情绪，就某一个观点可以讲事实、摆道理、推逻辑，但千万不要附带情绪说话，可以偶尔带一些主观判断，但是比例不能太多。

4. 言语中多些忍让与包容

虽然是讨论、争论一个话题，但言语之中也要多一些忍让和宽容，即使对方的话逻辑不大对，又与事实违背，也不要非争个我赢你输，谁让你们是朋友呢。所谓朋友，就是应该多些宽容，多些忍让，这样你们的友谊才能走得更远。

朋友失意，请不要大谈你的得意

> 聪明的人都会将自己的得意之事放在心里，而不是放在嘴上，尤其是在发现对方情绪不对的时候，更不会把它当作炫耀的资本。

说说炫耀这件事儿

当我们认同别人的时候，会产生一种认同反应；而当我们渴求别人的认同时，就会把这种行为表现出来，比如我们会向身边的朋友炫耀生活中的一点小得意，给别人看自己觉得好看的衣服、好看的照片，其实从本质上来讲，这是一种炫耀行为。

巴尔扎克曾说："有钱的人从不肯放弃任何一个表现俗气的机会。"有钱人的炫耀是为了赢得地位和尊重；"谁考了100分不想让人知道呢？"孩子向父母炫耀是为了得到父母的表扬；"嘿，看我的身材健硕吧。"男生向心仪的女孩子炫耀身材是为了表达求偶意向，等等。

所以炫耀这件事儿本身没什么稀奇的，仅仅是人的一种本能需求罢了，而且炫耀也并不是什么贬义词，但是炫耀的度和量的把握却是决定褒贬的关键因素。比如，有些人喜欢在别人面前炫耀自己的得意之事，这是很正常的，但是如果在失意的人的面前大肆谈论，那就是没脑子了，因为你的得意正好衬托出别人的倒霉，甚至会让你的炫耀当成是对他的嘲讽和攻击。

实战案例

小A和小C是无话不谈的好朋友，两个人从小一块长大，属于同穿一条裤子的那种，更有意思的两个人都是射击运动员。

在一次国际比赛中，两个人同时参加一个项目，因小A平时的训练成绩要比小C好一点，所以教练对小A的期望很大。比赛时小C先上场，对手是一位久经沙场的老将，小C顶着很大的压力坚持到了最后一轮，可是由于压力过大，最后一枪竟然莫名其妙失误了，面对自己的失误，小C又是自责又是失落。

同样小A也遇到了强大的对手，不过小A的心理素质要好一些，虽然前面落后了一些，可最后还是凭借出色的发挥摘得了桂冠，冠军的荣耀让小A激动不已，他抱着小C就开始庆祝起来，全然忘记了这位伤心的小伙伴。

回国后，小A受到教练、领导的嘉奖和国人的热烈欢迎，这让他受宠若惊，非常得意，于是，他经常当着小C的面讲起这件事，尤其是在平时训练时，而在日常生活中，这件事也成了小A引以为傲的谈资。

这让小C很是反感，心想不就是拿了个冠军吗？至于当着我的面向他人炫耀吗？总之小C越看越不顺眼，最后两人的关系也越来越淡。

诚然，每个人都有春风得意的时候，也有炫耀的欲望，可是当谈论得意的事的时候，一定要注意场合和对象，否则很可能会引起他人的介意和反感，案例中小A就犯了一个这样的错误。

你不经意间的炫耀很可能会成为他人眼中的挖苦和讽刺，即使你仅仅是为了小小地满足一下自己的虚荣心。所以在与朋友相处的过程中，即使春风得意也切莫太过炫耀，尤其是当朋友陷入人生低谷的时候。

比如，如果你有了女朋友，而朋友依然单身，尽量不要在朋友面前各种秀恩爱；如果你升值加薪，而你的朋友事业疲软，就不要总在朋友面前显摆；如果你很幸运因为拆迁暴富，而你的朋友却被房贷压得喘不过气，这时就不要把暴富这件事当成自己的谈资……

蘑菇点睛：把握分寸感的几个通用技巧

好多人都有过这样的经历，翻开通讯录和朋友圈，看到很多朋友，曾经感情很好，

可现在也渐渐不联系了，是什么让朋友间的关系慢慢变淡的呢？分寸感是其中一个很重要的因素。

分寸感是一种非常微妙的东西，如果你细心观察一下生活中那些情商高的人之所以说话办事都让人舒服，是因为他们懂得把握分寸感，总能够了解别人的敏感点，并知道如何避免触及这些地方，那么与朋友相处，如何把握分寸感呢？以下是几个小技巧。

1. 不要像祥林嫂一样过度倾诉

"我真傻，真的，"祥林嫂抬起她没有神采的眼睛来，接着说，"我单知道下雪的时候野兽在山坳里没有食吃，会到村里来；我不知道春天也会有……"

祥林嫂是鲁迅先生《祝福》中的一个悲剧人物，祥林嫂反反复复地向人诉说儿子阿毛之死的悲惨故事，刚开始，大家还同情她、安慰她，可是很快大家听得纯熟了，连最慈悲的念佛的老太太们，也不再为她抹眼泪儿，及至后来全镇的人几乎都能背诵她的话了，

一听到就感到烦厌。

就说话这件事儿来讲，祥林嫂犯了一个很严重的错误——过度倾诉，倾诉，尤其是倾诉负面情绪，实则是一场心理垃圾大扫除活动，本身是一件愉悦自己的事儿，相对的，倾听就是一件耗神的事儿，尤其是高质量的倾听，真的很累，因为倾听者不仅要给出共情、理解和尊重，还要忍住自己的建议欲，把自己按在椅子上。

其实说话这件事儿，比较理想的关系是这样的：你说一会儿，我说一会儿，我听听你，你听听我。只有如此，才能达到一种交流的动态平衡，双方也会比较舒服，而如果，一方一味地说，另一方一味地被动接受信息，那么作为倾听的一方，心里肯定会不舒服，而当这种不舒服的感觉达到无法承受的地步时，冲突和争吵就发生了，再后来，朋友之间的关系就渐渐疏远了。

所以，如果你想做一个有分寸的人，就不要过度倾诉，如果你真爱你的朋友，就要学会照顾朋友的感受，别让朋友听得太累。

2. 不要跟朋友强行分享观点

朋友之间，有福同享有难同当没错，可是千万不要把你认为对的强加在朋友身上，不要跟朋友强行分享你的观点，这样真的很让人不舒服。

比如，你是素食主义者，觉得吃素好，但不要强行劝你的朋友也吃素；你对网上购物不信任，但不要拦着朋友网购；你觉着投资能赚钱，但也不要强行劝说人家入伙，等等。

这种强行分享观点的做法，虽然美其名曰是为了对方好，可是事实上你认为好的，并不一定是对方需要的，你认为好的，对方并不一定认为好，所以在与朋友相处时千万不要把自己的观点强加在对方头上，而是应该学会收起自己的控制欲，尊重对方的价值观。

3. 交往初期要注意聊天内容

在刚开始与朋友交往的时候，什么该聊什么不该聊很重要，如果把握不住分寸感，什么都袒露，很可能让一段友谊夭折。

交朋友是一件循序渐进的事儿，在交往初期，彼此还不是很了解，尽可能从一些安全话题开始，如时事新闻、兴趣爱好，通过这些话题的试探，可以对彼此的价值观、情商水平有一个基本的了解，然后再慢慢推进话题的深度，逐渐发展为深度密友。

切忌在交往初期过多地自我暴露，比如暴露自己的恋爱史、曾经受过的创伤、自己的弱点，等等。这些话题很可能会让对方措手不及，不知道怎么回应，这会让你们的关系陷入尴尬，而如果对方是女性朋友，还容易引起误会。

4. 把握好隐私问题的边界

即使是无话不谈的朋友也有自己的隐私，朋友之间相处隐私问题一定要拿捏得当，有的人自来熟，明明不是很熟就很喜欢刨人家的底儿："你结婚了吗""你是北京人啊，那你家有拆迁吗""你一个月赚多少钱呀""告诉我嘛，我又不是外人"……

这么说话是非常招人厌的，因为这些问题都涉及了个人隐私，而他和你还没有想象中那么熟。所以在与朋友深交之前，一定要控制住自己的好奇心，不要冒昧地问对方隐私，否则你很可能因为太过八卦，不懂分寸而得罪对方。

　　而对于那些老朋友来说，虽然知根知底，但是如果交情不到，也不要刻意去窥探埋藏在人心底的秘密，请记住：隐私不是问出来的，而是等出来的，交情到了，自然就知道了。

• Chapter *8* •

聊得来才会喜欢，走心的恋爱聊天法

法国哲人伏尔泰有一句很有意思的话："给我十分钟，我光靠这张嘴就能说服任何女人。"对于这句大言不惭的话，我有理由猜测他是喝多了葡萄酒，同时我也想到，男人的嘴巴似乎真的潜力无穷。

一个有力的证据就是又黑又胖、五官还不算端正的蘑菇头竟然找到女朋友了，而且还是非常高挑、非常有气质的那种，我无法相信自己的眼睛，看来真有必要向蘑菇学学怎么谈恋爱了。

所以，这章的主角是蘑菇头，他会现身说法，深刻剖析他的恋爱观和聊天技巧，如果你还没找到女朋友，一定要认真倾听哟。

怎么搭讪让人感到舒服

节前必读：本节内容只适合单身男女搭讪，不适合老友闲谈。

搭讪那点事儿

搭讪，即主动和与人交流，北京话也叫"套瓷"，有拉近乎，搞好关系的意思，搭讪可以用在熟人之间，但是更多用在和陌生人交流之间，我们这节来谈谈和陌生人且是异性搭讪的那些事儿。

通常来说，男孩子常见搭讪套路一般是这样的："你好，我刚刚在×××看到你觉得你很漂亮，如果错过这次机会，我会很后悔的，可以加你的微信吗？"

这样一番说辞下来，看似很是真诚，可是女生往往会措手不及，其内心模式一般是这样的：你谁啊／你加我想干吗／有你这么搭讪的嘛……结果人家很可能丢给你个"不好意思"，搭讪失败！

其实，就搭讪这件事儿来讲，真诚的态度加上巧妙的搭讪绝招才能产生化学反应，否则再多的套路也是白搭。

实战案例

　　蘑菇的女朋友是搭讪来的，在一次剖析大会上，蘑菇深刻分析了他的搭讪经历。

　　那是一个明媚的早晨，蘑菇在公交站等车，一个像是阳光一样的女子瞬间迷住了蘑菇，一种叫作一见钟情的力量迫使蘑菇走了过去。

　　蘑菇："你好。"

　　对方："你好。"（疑问的表情）

　　蘑菇："请问你在什么站下车？"

　　对方："×××站，怎么了？"

　　蘑菇："我只是想知道你什么时候下车，这样我就可以坐你的位置了，真巧，我们同一个站下车，看来我不能坐了。"

　　对方：笑……

　　蘑菇："你在×××附近上班吗？"

　　对方："是啊，你也是？"

　　蘑菇："我也是，我在×××……"

　　下车时，蘑菇成功要到了女孩子的微信。

　　对于蘑菇的这次搭讪我是深表怀疑的，不过总的来说还是很有勇气的，而且选择在了第一时间搭讪，尤其是"我只是想知道你什么时候下车……"这句话很是巧妙，虽然是找了一个借口，但是效果还不错。

　　为了弄清楚蘑菇的搭讪套路，我特意请他吃了顿大餐，一杯红酒过后，蘑菇终于向我袒露了他的搭讪秘籍。

搭讪的正确流程

大多女生不喜欢目标感太强的搭讪方式，比如"你好，我觉得你很漂亮，想认识一下你""你好，我可以加一下你的微信吗？""想认识一下你可以吗？"诸如此类的搭讪方式目的性太强，会给女生造成一种压迫感，甚至如果你的样子再猥琐点，人家还以为你意图不轨，所以诸位男士有必要学习一下正确的搭讪流程。

（1）"你好！"／"嗨！"／"hello！"（基本的礼貌要有）

（2）"我在那边看到你，觉得你打扮得很有气质，所以脑子一热就过来跟你打招呼了。"（不唐突的说话技巧）

（3）"我叫×××，在这里等我的朋友，你怎么称呼?"（找个小借口缓解对方的压力）

（4）"你在附近上班吗?"／"你经常来这里逛街吗?"（顺势开展话题）

（5）"很高兴认识你，我有点事要先走了，不过我希望我们以后可以再见面，一起坐下喝一杯咖啡。"（注意把控时间不扯皮）

（6）"可以留一下你的联系方式吗?"／"我们加个微信吧！"（最后才是留下联系方式）

谨记搭讪三原则

搭讪归根到底是一种说话技巧，原则问题还是要注意一下的。

原则一：真诚比什么都重要

其实搭讪这件事并不难，焦虑的原因只不过是因为你的目的性太强了，太在于形式了，如果你抱着结交朋友的态度去搭讪会显得真诚很多，你所要做的就是同她们开启一段有趣的对话，让她们感到舒服，没有压力，当对方愿意和你亲近的时候，你的搭讪就成功了。

原则二：选择正确的搭讪地方

试想一下，如果在一个空荡荡的房间、教室里，突然一个陌生人坐在你旁边，你会不会觉得他图谋不轨，相反如果在那些人多拥挤的地方，你则不会有这样的顾虑。所以搭讪一定要选对地方，比如图书馆、活动晚会、旅游景点、机场等。

原则三：不多过问私人信息

搭讪的最大禁忌就是上来就问对方的私人信息，比如对方的家庭情况、个人情况等，这会让对方感觉很不舒服，不想和你聊下去，即使是你表现得足够真诚，所以在搭讪时切忌谈及过多地谈及私人信息。

搭讪的几个小技巧

对于蘑菇头找到女朋友这件事，我一直很奇怪，可是听他分享了一些搭讪技巧后，我便相信了，下面是蘑菇头总结出的几个搭讪小技巧：

1. 第一时间开口

搭讪总的来说是一件不好意思开口的事，但是请记住，如果你想增加搭讪的成功率，务必要在第一时间开口，因为这样会让对方觉得你是一个开朗、热情的人，而如果你犹犹豫豫，过了一段时间再说话，会显得有点突兀，给对方造成一种不开朗的印象，甚至会让对方觉得你这样是带有目的性的。

比如，在飞机上如果你碰到一位姑娘，你想要搭讪，就在彼此刚坐下的时候打个招呼，这时对方也会礼貌地回应你，之后再聊其他话题就会容易得多。而如果你等坐下来半小时了，再问人家"你是出差还是旅游"，这会很不自然。

2. 寻找第三方共同话题

很多人在搭讪的时候喜欢聊对方本人，诸如对方怎么怎么好看啦，怎么有气质啦，自己是怎么想认识他啦，等等。这样的句子可以是打招呼的内容，但是最好不要将其作为你们讨论的话题，因为这样会增加对方的紧张感，降低搭讪的成功率。

正确的做法是聊一些第三方共同话题，比如可以拿一些物品作为共同话题：对方拿了新款手机，"这是刚刚发布的××手机吗"；对方拿了一本《会表达》，"很多朋友在看这本书，说是非常有趣呢"；对方的包包看着不错，"这个包很好看，是新买的吗"……

3. 成功打入多人组合

你想要搭讪一个姑娘，可是郁闷的是她的身边有一个闺蜜，这无疑增加了搭讪的难度，而如果你又不懂得搭讪技巧，傻乎乎地直奔目标而去，那么站在她身边的闺蜜会有极大地被无视的感觉，你的搭讪很可能就此泡汤。

正确的方式是先征求障碍者的同意（原谅我这么称呼你将来女友的闺蜜），这样会让人觉得你比较有礼貌，顾及了所有人的感受，常用句式："我现在要赶去上班，但我想跟你的朋友聊两句，可以吗""你好，我觉得你闺蜜很有气质，可以跟她打个招呼吗"。

找到话题，才有的聊

恋爱行为学发现，在诸多追女孩子的技巧中，聊天
是最需要锻炼和加强的技巧之一，而要想聊好天，
首先得有的聊。

不会聊天就会冷场

虽然聊天是一件轻松平常的事儿，但有时却让你感到难于上青天，尤其在追女孩子的时候，想要把天聊得愉快，往往需要一定的功力。

不过现实是很多男生并不会聊天，每当和女生聊天时，脑袋一片空白，冷场自然也在所难免。而且颇为有意思的是，冷场经常发生在和喜欢的人聊天的时候，而和普通朋友聊天时则比较少见。

如果你有过类似的经历，那种冷场的尴尬必定记忆犹新，而恋爱行为学中将"冷场"解释为不会聊天的结果，而且特别强调，在追女孩子的技巧中，聊天是最需要锻炼和加强的技巧之一。

实战案例

蘑菇头不喜欢别人叫他蘑菇，而喜欢别人叫他MG，以下聊天内

容均由自蘑菇供稿:

对话一:

MG:"朋友圈那只叫小可的小狗是你家养的吗?"

MM:"嗯,是的,他叫小白。"

MG:"那你每天照顾他会很累吧?"

MM:"还好吧,有时候会麻烦一点。"

MG:"听说喜欢养狗狗的女孩子都很会照顾人。"

MM:"哈哈,是吗,可是我还需要人照顾呢。"

MG:"那看来你和我一样都是单身喽?"

……

对话二:

MG:"你最近有没有看那个很火的节目《这就是街舞》"

MM:"当然,感觉他们跳舞的样子都很帅气。"

MG:"对吧,而且都很努力,那些选手大部分因为一份坚持走到了现在,你有没有特别喜欢的事情?"

MM:"有啊,我喜欢摄影,本来想做摄影师的,结果……"

……

对话三：

　　MG："看你的穿衣风格都十分简约。"

　　MM："是呀，不太喜欢那些复杂的。"

　　MG："想不到这么快就找到了第二默契，我也喜欢简约风格，最喜欢黑白配。"

　　MM："是吗？等等，那第一默契是什么？"

　　MG："是相互喜欢呀。"

　　……

　　不得不说蘑菇头能找着女朋友是有原因的，起码在聊天这件事上我是望尘莫及，虽然是短短的三段对话，但是我们看到蘑菇头成功找到了聊天话题，而且大多是女孩子喜欢的话题，如宠物、综艺热点、穿衣风格。

　　一段恋爱要想发酵，有的聊是基础，甚至对于那些已经在恋爱中的人来说，有话说仍然是感情稳固的关键，如果没得聊只能挥手说拜拜了。

与女生聊天的几个通用话题

　　跟女生沟通的时候，如何找到好的话题，沟通往往事半功倍，以下聊天话题大多符合女孩子的胃口，稍加发挥会更能引起女生的好感。

1. 兴趣爱好

兴趣爱好是男女生沟通的通用话题，而且这些话题基本上很安全，也不会得到负面反馈，这些话题包括：美食、衣服、星座、宠物、影视、旅行等。这类信息可以从女生的朋友圈、QQ空间、微博等地方得知。

比如大部分女生都很有爱心，都喜欢小动物，如果和女生聊聊小动物，对方一定会很感兴趣，而且也能体现出男生的爱心，她心里可能会想，如果和你在一起，你会怎么照顾她。

2. 童年或学习、工作经历

很多小时候的故事都很有趣，而且充满尴尬或温馨的时刻，你可以聊聊你的初恋，你偷偷暗恋的对象，或自己发生过的糗事，这些是非常好的感情促进话题。

当然，你也可以和女生聊聊她的学习生活、工作经历，这样的聊天，可以引导女生对你倾诉，聊到女生的经历，她会很有话说，而一旦女生把她的过往告诉了你，说明她内心深处已经信任你了。

3. 价值观和看法

很多女生其实很有想法，无奈的是很多男生只看到女孩子的外表，所以找个恰当时机可以问问看她对未来的规划、觉得生活最重要的是什么等问题，如果你能让她侃侃而谈，那么她会对你印象很深刻。

用关键词法找话题

关键词技巧是聊天中一种非常实用的技巧，尤其是当你不知道该怎么接对方的话，或者不知道该怎么继续话题的时候，这个方法很管用。关键词技巧就是抓住对方说话里的某一个关键词，然后根据这个关键词继续拓展话题。

比如，聊到电影，你会想到《大话西游》？没错，这很合女孩子的胃口，而谈到《大话西游》避免不了爱情这一主题，而谈及爱情，你又可以说说告白气球、等你下课的事儿，总之只要想继续，关键词法可以很轻松地把话题进行下去，而且相信女孩子也会十分喜欢。

再举一个具体的例子：如果你和女孩子约会，你点了一杯咖啡，可是女孩子却说不好喝，你该怎么接话？这时你可以抓住两个关键词来展开话题，其一是咖啡，你可以说："这个咖啡烧的时间还不够，差了大概5分钟，如果再烧5分钟，就是上品了。"其二是不好喝，你可以说："那你有没有喝过一种叫红乐的饮料？那是我喝过的最糟糕的饮料了，没有之一。"相信无论是哪种答复，都会成功引起对方的兴趣，并且让对方很容易接着你的话题继续往下唠。

找准聊天时机不容易碰壁

和女生聊天的时候，无论你多么热情，对方总是不搭理你，只要你找准时机，那么结果就全然不同了。

99% 的人会遇到的尴尬问题

在和女生聊天时，99%的男生遇到过这样的尴尬问题：自己噼里啪啦说了一大堆，女生的回复只有"呵呵""嗯嗯"类似的敷衍词语，或者一条信息发过去，过很久才等到回复，甚至还会出现不回复信息的情况。

这就很尴尬了，面对这种情况，根本无法进行正常聊天，即使你准备了999个话题，女生直接敷衍你，不回复你的话，你也是无从下手，那么女生为什么会敷衍我们，不回复我们呢？其实很大原因是我们没有找准聊天时机。

实战案例

小A通过朋友介绍认识了一个女孩子，女孩子很漂亮，也是小A

喜欢的类型，小A萌生了追求的想法，可是一次聊天以后，小A觉得女孩子对自己没有兴趣，甚至有点反感。以下是小A和女孩子的聊天记录，你能发现其中的问题吗？

小A："现在在干吗？"

MM："和朋友外面玩呢。"

小A："哦，什么朋友，我认识吗?"

MM："肯定不认识啊，是几个同事。"

小A："你们在哪儿玩儿？"

MM："刚吃完饭，现在在KTV。"

小A："哦，你平时唱歌吗？怎么回复这么慢啊。"

MM："我在唱歌呢。"

小A："什么歌啊，录下来给我听听呗。"

小A："人呢？"

小A：（疑问的表情）

......

如果你是女生，你会对这样的聊天感兴趣吗？答案当然是否，其实在这段聊天内容中，我们看到小A很积极，可是为什么女生渐渐地不愿搭理小A，甚至最后直接不回信息了呢？很简单，聊天的时机选择得不对。

试想一下，如果女生是在聚餐或是K歌，能抛下朋友专心致志地和你聊天吗？即使能断断续续地交流，也是很久回复一条信息，想要进行良好的沟通都做不到，更不要提深入交流了，而如果你这时再像个二傻子一样不停地抛问题，只会强制转移她的注意力，甚至引起她对你的反感。

如此看来，想把天聊好，找准时机也很重要。

找准时机的几个小技巧

谈恋爱这件事讲究天时地利人和，所谓天时其实是自己掌控的，即把控时机。

1. 判断对方是否有时间

聊天之前要确定好对方有没有什么安排，如果对方有事忙，就选择其他空闲时间聊，那么怎么知道对方是否有时间呢？当然不能直截了当问，而是应该从对方回复信息的速度以及朋友圈状态来了解。

2. 选择合适的时间聊天

在合适的时间和对的人聊天，通常来说，一天当中晚上是聊天的空闲时间，其中8～12点较合适，这时女生一般已经把事情都做完了，有了足够的时间来回复你的消息，而过了12点之后，你就算有再多的话题也要懂得适可而止。

和女生说早安是一件挺浪漫的事，但是请记住，一定不要太早给女生发信息，否则对女生来说无异于是骚扰。

周末的时候，大部分女生要睡到自然醒，然后是属于闺蜜的时光，一起逛逛街、做做指甲，这个时候是没空理你的，所以这个时间最好不要打扰她，当然如果确定她没事，可以找她聊聊天，甚至约出来见面都是可以的。

另外请不要忽视周日晚上的闲聊时光，因为第二天要上班，这段时间一般不会出去玩，而且假期要结束了，心情比较沉重，正是一个绝佳的空窗期，这时和女生聊聊聊天，总是没错的。

3. 聊天时间不要过长

和女生聊天切忌一次性把话题全部聊完，因为你会为你的热情付出以下代价：（1）会打扰到女生休息；（2）话题空乏，没得聊了，女生会觉得没有新鲜感。

所以，在不了解女生的作息时间和日程表的情况下，要注意工作日的聊天时间不宜过长，一般来说半小时到一小时为最佳，不宜过长。

聊天新模式：上推、下切+平移

> 所谓会聊天就是迎合对方的胃口，说对方乐意听的话，谈判桌上如此，洽谈会上如此，谈恋爱时也是如此。

肚子痛 & 多喝热水

曾经有一项很有意思的调查，调查人员采访了若干女孩子，问了她们最讨厌男生说什么，结果数据显示，在诸多词语中，"多喝热水"荣登榜首，尤其是在恋人之间，当女生说肚子痛时，最讨厌的听到的便是"多喝热水"。

肚子痛就要多喝热水吗？这种思维方式是典型的上推思维，即一种概括性的、结论性的思维方式，男生通常比较喜欢，与此类似的还有"晚安好梦""早点回家""注意安全"等自我感觉良好的话，都是终结话题的经典模板。而在沟通中女生会更倾向于使用下切思维，即更注重话题的感受、认知和理解。

此外还有一种思维方式称为"平移"，简单来说就是转换话题，这三种模式，是NLP（神经语言程序学）领域中最基本的人际沟通模式，如果合理运用，能取得很不错的沟通效果。当然，这么说还是比较抽象，我们来看下面一个例子。

实战案例

自从上次成功搭讪姑娘后，蘑菇头心旷神怡，最近蘑菇琢磨着怎么把人家姑娘约出来，这不，愉快的晚餐后，蘑菇主动开启了聊天模式：

蘑菇："嗨，在忙什么呢？"

小可："在改PPT呢。"

蘑菇："什么PPT呀？"（下切）

小可："一个紧急的项目，所以在加着赶。"

蘑菇："怎么样？还顺利吗？"（下切）

小可："还行，快弄好了。"

蘑菇："那就好，我也经常遇到这种情况，遇到紧急的项目时赶着做，是什么项目，是产品介绍吗？"（上推+下切）

小可："是啊，你怎么知道的？"

蘑菇："你不是发了朋友圈吗？我刚好看到的。"（上推）

小可："啊，忙得我脑子都乱了。"

蘑菇："像这样巨大的脑力劳动很消耗能量的，这样，你要是改好了我请你吃顿饭，附近有家新开的餐厅不错呢。"（平移）

小可："好呀，为了赶工作，现在还没吃饭呢。"

就这样，蘑菇头成功地和姑娘共进了晚餐，革命友谊进一步升华。

看似是一段普通的聊天，但其中运用的聊天技巧可不少，我分别在句末进行了标注，分别为上推、下切和平移，所谓"上推"，就是把对方讲述的话题进行总结、归纳，比如，当小可说自己忙着赶PPT时，蘑菇说自己也经常遇到这种情况，即遇到紧急的项目时要赶着完成。而下切则正好相反，即要把话题延展开来，具体到某个具体的事物、场景上，多用问句的形式来表述，比如蘑菇的一些提问都是用下切的形式来完成的。平移就很简单了，即巧妙地转移话题，比如最后蘑菇成功地把话题转移到了吃饭这件事情上。

现在我们再看多喝热水这个问题，对于男生来说，肚子痛到多喝热水，这是一个上推思维，即使这确实是一种不错的安慰方法，但女孩子并不喜欢，而如果我们用下切思维，把注意力从问题本身拓展开来，去探讨女生的感受，表达自己的认同和理解，这才是女生喜欢接受的，比如，我们可以这样说："亲爱的，你一定很难受吧？真想多陪陪你。"

再举一个简单的例子，当女生说"明天我要跟丽丽一起去天津玩儿"的时候，如果不想成为话题终结者，就不要这么说："嗯，好，注意安全，玩得开心点。"而是应该运用下切思维："天津的包子和大麻花听说很好吃，你们准备去哪儿玩呢？"

所以，这就给我们启发，如果是男生和女生聊天，就要多用下切思维，让对方有话可说，适当用上推思维进行总结，让交流不至于步步紧逼，然后用平移的方法去不断开辟新的话题，这样聊天总会有的聊，而且还会很合对方的口味。而如果是女生和男生聊天，就要多运用上推思维，和男生聊一些结论性的、宏观的、格局大的东西，而尽量少谈具体的个人感受和事物细节，这会让他们觉得太琐碎。

营造舒适有趣的聊天氛围

一句没有灵魂的废话，匹配的一定是没有灵魂的回复："在干吗""睡了吗""嗯""呵呵""哦"。

有趣的灵魂从聊天开始

"在干吗""晚安，好梦""记得多穿衣服"……对于这样的句子是不是感到十分熟悉？这些话本身没有任何错误，但是说得次数多了，就变成错误了。

一句话在女生听过很多次的时候，就没有新意了，甚至还会让女生会觉得烦躁、无聊，这对于你们关系的发展是很不利的，所以和女生聊天，一定要营造一种舒适有趣的聊天氛围，成为一个有趣的灵魂，这样女生才会对你产生兴趣。

实战案例

小A有点木讷有点宅，都27了还没有女朋友，归根结底不是性格的原因，而是在聊天这件小事上出了问题。这是小A认识的第10个MM，可是没聊几句，对方就不搭理他了，来看看下面的对话，究竟是怎么回事?

对话一:

小A:"在吗?"

MM:"在。"

小A:"在做什么呢?"

MM:"看电影。"

小A:"你喜欢看电影啊?"

MM:"嗯,对啊。"

小A:"喜欢什么类型的呢?"

MM:"文艺。"

小A:"最喜欢的电影是哪一部啊?"

MM:"太多了,想不起来了。"

小A:"仔细想想嘛。"

MM:"……"

对话二:

小A:"睡了吗?"

MM:"没呢。"

小A:"好吧,我也睡不着。"

MM:"呵呵。"(微笑表情)

小A："你不会也失眠了吧？"

MM："没。"

小A："好吧。"

小A："睡了吗？"

小A："怎么不回信息了？"

……

很多男生在和女生聊天的时候都会犯类似的错误，不是调查户口式的交流就是在一些无聊的话题上绕圈子，又或是加上一些"啊""呢""吧"等让人感觉怪怪的词，对于这种聊天方式，刚开始的时候女生会礼貌地答复你，但是如果你继续这样无聊下去，相信性格再好的女生也会对你产生厌烦情绪，她们会说："有点事，先不聊了。""我去洗澡了，有时间聊吧。"或是有的女生直接不搭理你，其实这都是在告诉你这样一则信息：你真的很无趣！

"好看的皮囊千篇一律，有趣的灵魂万一挑一"，你都在寻找有趣的灵魂，女孩子尚且也是如此，为什么不做一个有趣的人，把聊天氛围弄得舒适有趣一些呢？

创造舒适有趣的聊天氛围

那么该如何创造舒适有趣的聊天氛围呢？下面是几个小建议：

1. 选择更舒服的聊天方式

聊天时的状态语气很重要，一些男生总是喜欢在聊天时说很多语气词，如"吧""啊""呢"等，女孩儿看到这样的回复，虽然不会觉得很有压力，但也会不舒服、不适应，所以在聊天时，尽量简单明了地表达你想表达的内容。请看这两个句子：

"哎呀，今天不早了呢，快睡吧。"

"我一会儿再睡，你先去睡，我们明天聊。"

第一个句子是不有点怪怪的感觉，像是女孩子说的话，而第二个句子既表达了你的关心——你赶紧睡，又表明了自己对下次聊天的期望——明天再聊。

2. 避开没得聊的话题

很多男生在和女生聊天时总是陷于无聊的话题中无法自拔，诸如吃饭、睡觉、在干吗之类的话题，聊枯燥无聊的话题是没有办法走进女生的内心的，如果你想在聊天这件事上取得女生的好感，那么请及时打住那些没营养的话题。

3. 用幽默调动女生的情绪

如果使用"幽默"的方式去和女生聊天，那么可以轻松避免无聊的话题，还会让女生觉得你是一个幽默、有趣的人，觉得和你一起聊天是一件非常开心、非常轻松的事儿。

比如"在干吗"这句无聊到爆的词语，完全可以用幽默的方式去表达："我肚子都饿扁了，不知道你在不在？""和我聊天可以减肥，你不知道的吗？""不知道你在干吗，我觉得在家都快发霉了。"等。

蘑菇点睛：不想尴尬死，就不要这么聊

把天聊死，绝对不是情商低那么简单，如果你不懂得聊天技巧，分分钟就能把天聊死，下面是常见的几个和女生聊天的误区，请小心慢行。

误区一：婆婆妈妈的提问

场景一：

你想认识一个姑娘，可不知道怎么聊天，结果你是这么说的：

你："你多大了？"

MM："23。"

你："是刚毕业吗？"

MM："嗯，是的。"

你："你学什么专业？"

MM：……

场景二：

你通过朋友介绍，认识了一位姑娘，你想要用聊天熟络一下感情，你是这么说的：

你："吃饭了吗？"

MM："吃了／没吃。"

你："在干什么呢？"

MM："上网。"

你："最近忙吗？"

MM："还好。"

你："你那儿天气怎么样？"

……

以上两个场景的结果就是你换了几个话题之后终于把天聊死了，相信你也有这样的感觉，不喜欢婆婆妈妈的提问，尤其是场景一种调查户口式的提问，会让人很反感，所以在聊天时一定要努力克服这一点。

误区二：书呆子的调调

有没有这样的体验？和倾慕的女生聊天时总是小心谨慎，生怕自己的粗言俗语会给对方留下不好的印象，于是书呆子的调调就出来了。

"嗨，你好，可以认识一下吗？"

"你好，我叫×××，朋友们喜欢叫我××，你叫什么名字呢？"

"你真漂亮，是我喜欢的类型。"

"你美得像是一朵玫瑰真让人心醉。"

……

你自以为颇为绅士，文采斐然，但是通常来讲，这种说话方式会让对方十分崩溃。你是在和女生闲聊，不是在面试，也不是在谈判，这种书面化的聊天方式，只会把聊天搞成"尬聊"。所以，在开口说话之前一定要想想该怎么开口，如果自己都觉得别扭，千万不要说出来。

误区三：白开水一样的语言

大多女孩子是感性的代名词，所以跟女生聊天，最好避免那些像是白开水一样的语言，而是应该像是播放一首歌曲，看一场电影一样，把有画面感的内容说给对方听，这样才不会让女生觉得你很无聊。

比如，你想要夸赞对方，就不要说"漂亮""好看""可爱""善良"这些大众词，而是应该从细节入手，比如，"你身材真不错，一看就是健身房的汗水没白流""你气质真好，总是看起来那么有活力""你这人特好相处，朋友经常夸你吧"等。

再比如，你想要约女生出去玩，就不要说"我们去看电影吧""我们去唱歌吧"这类不到位的语言，而是应该这样说："我知道你附近有一家很不错的电影院，那是我知道的最大屏幕的电影院了，我们可以一边吃零食一边看电影。""去了很多KTV，感觉唱吧麦颂很不错，那里的音箱超级棒，就连我这么不会唱歌的人都变成了K歌之王。"

误区四：没有态度地追加回复（手机聊天）

即使你很在乎对方，但是请记住，如果对方没有回复你的信息，在短时间请不要没态度地追加回复，比如我们经常碰到很多男同胞，明明女生都不回信息了，但他还是在刨根问底："睡了吗？""人呢？怎么不说话啦？""是不是我说错什么啦？"……

如果女生真的是在忙，无可厚非，但是这样追加消息显然是在打扰她，而如果女生故意不回你，即使你追加个十条、八条，对方仍然没兴趣搭理你，甚至还会暴露自己的需求感，让女生感到厌烦。

所以不管你对聊天的女生多在乎，当对方没回你信息的时候，起码在24小时之内不要平频繁地去追加回复。

Chapter *9*

尊重＋技巧，与长辈聊不散的对话术

一个有趣的现象是，大多年轻人都非常关注怎么和朋友、同事、恋人聊天这件事，而对于父母或是其他长辈怎么说话并不上心。其实由于代沟的存在，长辈和晚辈之间更容易产生沟通障碍，尤其是和一些年纪较大的长辈沟通时，因其思维的固化，很难找到共同语言，所以和长辈聊到一块实则是一件难度系数很大的挑战。

在本章，你可以试着运用之前学习到的说话技巧去和长辈沟通，与此同时再学习一些特定的说话技巧，例如怎么和婆婆聊天。

调查问卷：你与长辈聊得来吗

关于和长辈聊天的调查问卷

我们正在进行一次有关和长辈聊天的调查问卷，请您务必认真、坦率、真实地回答每一个问题，您所填写的资料只有您自己知道，而且您在本书上所做的调查，不会对您产生任何不利的影响，所以您不用顾虑。

1. 你的性别（   ）

   A. 男

   B. 女

2. 你的年龄（   ）

   A. 00后

   B. 90后

   C. 80后

3. 你一般多久给父母打一次电话（   ）

   A. 一天一次

   B. 一周一次

C. 很少给家里打电话

D. 其他

4. 你在家里是否经常和长辈聊天（　　）

A. 是

B. 否

5. 你感觉和长辈聊天时有代沟吗（　　）

A. 有

B. 没有

6. 当家里来客人（长辈）而父母又不在时你会（　　）

A. 主动和长辈找话题聊

B. 不知道说什么，干脆玩手机好了。

7. 与亲戚长辈会聊哪些话题（　　）

A. 自己的学习生活

B. 理想抱负

C. 时事热点

D. 生活哲理

E. 其他

8. 当长辈说错话时你会（　　）

A. 当面直接指出错误

B. 不急着反驳，委婉示意

9. 与长辈有不同观点时你会（　　）

A. 跟他们争辩，坚持己见。

B. 讲道理，讲不通发脾气、顶嘴

C. 求同存异，试着理解长辈

10. 觉着和长辈聊天最难的地方是什么（给你一个吐槽的机会）？

_____

_____

_____

11. 你觉得有必须学习一下和长辈聊天的技巧吗？

_____

_____

_____

与长辈说话找不到话题怎么办

和长辈聊天没话说真是一件极度尴尬的事儿，如果你不想再用玩手机掩饰自己的尴尬，那么请认真阅读以下内容。

你与长辈有代沟吗

什么是代沟？来看两个例子：

我：“奶奶，您的衣服好潮啊！”

奶奶：“哪里呀，明明是干的。”

我：“老爸，您有微信吗？”

爸：“连你都不听我的话，我还能有什么威信！”

“代沟”一词从英文generation gap直译过来，“代沟”，顾名思义，是说代与代之间存在着一条鸿沟，即心理学上所说的世代隔阂。长辈与晚辈，由于所处年代的差异性，彼此接触的人和事各有不同，所以思想和行为有一定的差异，这种差异性即为代沟，代沟存在的最直接表现形式是找不到共同语言和共同话题。

实战案例

西南大学的一个调研团队曾做了线下调查问卷，调查对象是在校的1100名大学生，调查内容包括"多久给父母打一次电话""通话的内容""每次通话时长"等12个问题。

调查分析显示，有52%的大学生与父母通话是每周一次，33%的人会一周打几次电话，剩下15%的则是一个月才打一次或者很少往家里打电话。

那么为什么和父母联系的频率比较低呢？很多学生称学习太忙没有时间，也有的同学说经常和朋友、恋人在一起忽略了父母，而很大一部分学生的想法是感觉和父母没什么可聊的话题，即缺少共同语言。

父母是与孩子最亲近的人，但是仍然避免不了代沟的存在，很多晚辈与长辈之间的沟通问题都是由此衍生出来的，虽然我们很难从根本上消除代与代之间在思想、行为上的差异性，但是我们可以通过语言的艺术去寻找和长辈的共同语言，即学会寻找共同话题。

这样做有三个最直接的好处：首先，你和父母的关系会更融洽，你会发现自己喜欢和父母聊天了；其次，家里来了亲戚长辈要招待时，你不用再尴尬地打开电视机或是默默地吃瓜子了；最后，你甚至可以邻居叔叔阿姨大爷大妈都能聊上几句，而不是仅仅是停留在见面打个招呼。

和父母这么聊天

举一个简单的例子，打电话时（按每周通话1~2次算，每次半小时）：首先谈天气，谈谈最近的天气情况，然后问问家乡的天气，顺便问问父母的身体情况；其次天气谈完后进入健康生活，比如问问爸爸最近有没有研制新的菜式，妈妈又学会了什么新舞蹈，最近有没有买什么新东西，等等；然后可以家长里短地谈起来了，比如问问外公、外婆的生活如何等；最后，要父母注意身体，礼貌地结束谈话。

和亲戚长辈这么聊天

如果是遇到和亲戚长辈聊天，应该分对象而谈：一般女长辈会喜欢聊家长里短，而且很多长辈很喜欢问你这样的问题："今年多大""学习怎样""工作怎样""谈恋爱没"等，如果长辈主动聊起话题，顺着话题聊下去就好，期间还可以趁机夸夸她今天很美、衣服很漂亮、哪里买的，等等。

而男长辈一般分为两种，一种健谈的，一种不健谈的。面对健谈的，要摆出恭恭敬敬虚心聆听的姿态，时不时点头，然后配合长辈的话题提一些问题，如果长辈提出一些观点，顺着他的意思把他的话总结一下。而如果是不善言辞的长辈，问候一下他们的生活情况，或是聊聊他们的身体状况，一般来说即使再不喜欢言谈的长辈也十分关心身体健康这个话题。

和一般长辈这么聊天

和一般长辈，比如邻居长辈聊天可以这么办：从兴趣爱好入手，每位长辈都有各自的兴趣爱好，比如一般来说老大爷喜欢聊钓鱼、养生、下棋等，而老奶奶则喜欢聊家务、电视剧等，如果这些都不敢兴趣，可以聊聊他们的小辈，如孙子、重孙子等。如果你实在找不到其他的共同话题，不妨跟他们说说自己平时是怎么打发时间的，从聊天的过程中就能了解到长辈的兴趣爱好在哪儿。

另外，如果觉得没有话题交谈，可以聊聊自己过去的生活和经历，从而勾起长辈对过去生活的美好回忆，这样就很容易打开话题，顺势你可以多谈谈他们年轻时候的一些事情，激发他们的聊天欲望和情怀。

怎样跟固执的长辈沟通

> 固执是老一辈人身上很普遍的性格特征，他们时常
> 会用自己的经验来教育晚辈，而且不愿轻易改变自
> 己的观点。

老一辈人为什么固执

生活中，我们经常会听到身边的朋友抱怨家里的长辈太固执："我爸那个脾气，真是让我没招了""老人家刚退休，性子忽然偏得不得了""我们家老爷子说什么也不听，怎么劝都没用"……

于是你会经常听到这样一个词——"老顽固"，从心理学角度来说，固执是老一辈人普遍都有的现象，由于老一辈人本身有较为丰富的社会经历，在过往的阅历中总结出了一些成功或失败的教训，由此产生了对客观事物的主观想法，而当这种主观想法与客观环境不适应时，在旁人看来便表现为明显的固执，而且相对于年轻人来说，老一辈人对环境的适应能力相对较差，所以会更容易固执。

实战案例

李阿姨今年刚退休，退休后没什么事做，每天去超市买一些打折优惠的东西成了李阿姨的爱好，儿子看着老人每次回来总是大包小包地提东西，觉着怪辛苦的，于是就买了一辆很时髦的行李车，可谁知老人看了车，问了价格，却一脸的不开心，儿子把车的好处一样一样展示给老人看，老人却发起火来："这车太花哨了，而且我又不是小孩子，这么点东西还买个箱子做什么？赶紧退了！"

"您看买都买上了，您就用着吧。"儿子仍然坚持。

"要用你用，我可不用！"

儿子不知道老人为什么这么固执，自己也很生气，索性不说话了，就这样，母子关系也僵持了好几天，后来儿子认真想了想，把车退了，换了一个大方实惠的款式，然后又去和老人沟通，和上次一样还是演示行李车的功能，不过这次他特意强调了行李车的方便和物美价廉，这次老人没有拒绝，反而是很乐呵呵地接受了。

同样是给老人买行李车，第一次的时候，面对固执的老人儿子碰了壁，而第二次则成功说服，这其中的关键在于是否抓住了老人的心理特征——喜欢物美价廉的东西，由此可见，和固执的老人沟通还是需要一定的方法的。

与长辈沟通的三原则

说话本来就是一件有原则的事儿，更何况是和固执的长辈沟通，以下三个原则请记在心上。

原则一：尊重是前提

与长辈沟通尊重是前提，固执的长辈大多容易孤单、敏感，所以即使是遇到意见不统一时，也要学会尊重和理解，切不要粗野顶撞，也不要对某些小细节论个没完，如果让长辈觉得受到了尊重，也许他们就不再坚持那些不切实际的看法了。

原则二：开诚布公

我们在尝试和长辈沟通的过程中，往往是这样想的：长辈们和我生活的时代、环境不一样，所以即使说出来了，她们也不一定会理解。于是我们隐瞒事实，或是用一种糊弄的方式和长辈沟通，实际上这是最糟糕的沟通方式，只会让你与长辈之间的代沟越来越深，所以和长辈沟通一定要开诚布公。

原则三：换位思考

当你站在不同的角度去思考问题的时候，你看到的东西将会非常不一样，当你认真站在长辈的角度去思考问题时就能静下心来好好说话，而不是觉得长辈固执，所以和固执长辈沟通一定要学会换位思考，即站在他们的角度去思考问题。

让沟通变简单的小技巧

在原则的基础上再辅以沟通技巧，沟通会变得简单得多，以下是几个沟通小技巧：

1. 先认同再提想法

如果一上来话风强硬，很可能引发争执，所以对于固执的长辈来说，最好是先肯定他的观点，然后委婉地提出自己的看法，这样经过一个缓冲，想让长辈接受观点就会容易得多，比如可以先肯定长辈某些做法的出发点是好的，然后再用身边的一些实例让他表示认可，接着再延续到他身上。

2. 找长辈信赖的信息渠道

有时候我们说的话长辈不听是因为这些话在他们看来并不是权威的，所以如果想要达到说服的效果，有必要找到他们信赖的信息渠道，比如他们信电视节目，你就可以找观点一致的节目放给他们看；他们信赖新闻报道，就找一些报道来念；如果他们偏信专家，就找一些专家的言论；等等。总之，要学会用他们信赖的信息和他们沟通。

3. 鼓励长辈改变自己的认知

对于一些固执的长辈，尤其是老人来说，接受新鲜事物少，受传统观念影响很严重，所以有必要鼓励他们去改变自己的认知，比如劝说他们看书看报，不断学习新事物，或是走出家门，多接触外面的新鲜事物。

和婆婆聊天是一门学问

怎么搞好婆媳关系完全取决情商这种神奇的东西，而会不会说话则是情商高低最直接的表现，和婆婆相处，你学会如何说话了吗？

和婆婆聊天的难度系数

"总是很尴尬，不知道该聊些什么""我和婆婆的打招呼方式就是一笑而过""老公不在，我们就好像被开了静音"……

确实，对于新媳妇来说，突然凭空多出来一个妈来，难免有些尴尬和紧张，开口吧，不知道聊什么，不说话吧，又显得不礼貌，如果根据聊天难度分等级，那么和婆婆聊天的难度系数起码有三颗星，所以和婆婆聊天真是一件很有难度的事儿，简直就是一门学问。

实战案例

处理婆媳问题真是过门媳妇的一大难题，小A也不例外，而且小A的婆婆正处在更年期，脾气有些暴躁，不管小A做什么，总有刺可挑。

上午小A和婆婆去逛街，买了一些衣服，婆婆有点不高兴了，皱着眉头说："家里的衣服都堆成山了，怎么不给我儿子多买几件？"小A打趣地说："妈，您儿子的长相已经很招人喜欢了，如果穿得再太过讲究，我真的不放心啊。"婆婆听儿媳妇夸自己儿子，没说什么。

晚上小A做了几个拿手菜招待婆婆，可是婆婆却埋怨小A："这么长时间了，只会做这几个菜，我儿子上班那么辛苦，回来还要跟着受苦。"小A听了，没有发脾气，也没有顶嘴，而是对婆婆撒娇说："他嘴巴都被妈妈你养叼了，一般的菜都入不了眼，所以您有时间多教教我吧。"

就这样，小A用巧妙的语言一次次化解了和婆婆相处的矛盾和尴尬，一段时间以后，小A终于赢得了婆婆的欢心。

小A因为说话得体，最终收获了良好的婆媳关系，这其中的说话技巧值得很多人借鉴。

讨婆婆欢心的聊天技巧

说话是一门技术，不管是在社会生活还是家庭中，一个会说话的人，总是能得到更多的宠爱，尤其是嫁到新环境的媳妇，避免不了与婆婆之间相处，那么怎么聊天才能赢得婆婆的心呢？

1. 找婆婆喜欢的话题

找到合适的话题就像找到合脚的鞋一样，所以找到一个好话题十分重要，通常来说婆婆喜欢聊的话题有厨房里的事、电视剧、养生、儿子。

几乎所有婆婆都喜欢聊自己的儿子，似乎有永远也说不完的话题：他的成长史、他的喜好，等等。比如你可以这么打开话题："他说他小时候特别听话，从来不惹您生气，是真的吗？"

2. 说婆婆爱听的话

说婆婆爱听的话可以迅速升温你们的婆媳关系，下面几句话可以灵活运用。

（1）"您看上去还是很年轻。"

其实，这句话适用于每一个人，当然对于婆婆来说也很适用，但是需要注意的是不能过分地夸张，否则婆婆会认为你很虚假，一定要让婆婆感觉你是从心里说出的话。

（2）"您做的菜太好吃了。"

几乎所有婆婆都在做菜这件事上津津乐道，而且颇有见解，所以当吃婆婆亲手炒的菜时不要忘了夸一句"您做得菜太好吃了"，这会让婆婆很受用。

（3）"您真是太会买了……"

这是一句很实用的家常话，比如婆婆买菜回来，你可以问一句："这菜多少钱？"不管婆婆说什么，你都可以说"您真是太会买了"，因为作为一个持家几十年的女人，她一定有独到的买菜经验，夸夸她会买菜，其实是在夸她会持家。

（4）"您孙子（孙女）整天念叨您。"

没有婆婆不溺爱自己的孙子孙女的，所以当去看望婆婆时，进屋和婆婆聊天时可以说："您不知道，您孙子（孙女）整天念叨您呢……"相信这样的开场白婆婆听了会特别高兴。

（5）"您说得没错。"

这是一句哄婆婆很实用的话，而且在生活中很多场合上都能派上用场，比如婆婆提一些建议，发表一些看法和观点时，你可以说"您说得没错"，这会让她感觉你是她的支持者。

3. 不提不爱听的话

和婆婆聊天要顺着婆婆的胃口来，不能什么都聊，有些话就像是定时炸弹，如果不注意很可能为婆媳关系蒙上阴影。

（1）不要在婆婆面前过分谴责老公

即使丈夫有什么不对，也不要在婆婆面前过分谴责，因为这会给婆婆造成一种错觉：谴责他的儿子就是在谴责她。

（2）不要对她说化妆品和服装的真实价格

长辈们都是从勤俭持家的年代走过来的，很不喜欢大手大脚，所以如果婆婆问你化妆品或衣服的价格，用模糊法回答就好。

（3）不要过多谈论娘家的是非

适当谈论自家的事情是一个很好的聊天方向，但是如果一直喋喋不休，很可能会让婆婆觉得你对娘家有过多的依恋。

与长辈说话的几个小要求

认真思考一下你之前是怎么和长辈说话的，然后对照一下下面4个小要求，看看自己都做到了吗?

1. 足够的耐心

和长辈沟通一定要有耐心，尤其是上了年纪的长辈，总喜欢絮絮叨叨，反复说一些陈芝麻烂谷子的事儿，而且明明和你讲过N次的东西，一会又忘记了，又要重新来说，对于这种情况，我们要给予足够的理解和耐心，毕竟谁都有老了的时候。

2. 注意语速

和长辈讲话的时候如果太快，长辈的思维不一定跟得上你的节奏，甚至会听不明白，所以长辈讲话的时候要注意语速，尽量放慢语速，这是对长辈的一种尊重。

3. 表达清晰

在和长辈聊天时更要注意口齿清晰，尽量避免当下流行的词语或是网络词语，如洪荒之力、葛优躺等词，这些词长辈可能根本不理解。

4. 不要争执对错

很多年轻人喜欢和长辈争论，尤其是觉得自己在理的时候，丝毫不相让，其实随着年纪的增长，人的思维会慢慢变得迟钝和僵化，尤其是那些年纪大的老人，在这种其情况下，如果长辈说你两句，也不要较真，更不要去争执对错，否则很容易走进死胡同。

蘑菇点睛：那些让长辈伤心的话不要说

俗话说，"良言一句三冬暖，恶语伤人六月寒"，何况是最亲近的父母长辈，有些时候我们不经意的一句话很可能很伤人。如果你也说过以下类似的话语，请及时反省。

1. "好了，好了，知道，真啰唆！"

被啰唆其实也是一种幸福，只是我们年纪太轻不懂得，对于长辈的啰唆，我们要学会理解，理解这种爱的方式。

2. "有事吗，没事？那挂了啊！"

这是很多人和父母打电话时的常用语，或许你真的有事情在忙，或许你仅仅是为了一局无关紧要的游戏，就匆忙地挂了电话，其实这样的做法很容易伤父母的心。

3. "说了你也不懂，别问了！"

小时候，父母觉得我们什么也不懂，那是我们确实真的不懂，而长大后，我们觉得父母跟不上时代，什么也不懂，于是每每父母想要帮助我们，或是仅仅是想和我们说说话时，我们却说："说了你也不懂，别问了。"

4."我的事不要你管！"

想必你也有类似的经历，当长辈指出自己某件事做得不妥时，冷不丁地冒出一句："我的事不要你管！"其实你想说的是我已经长大了，我自己的事能自己处理了，然而话到嘴边却拐了弯儿，说出了让长辈伤心的话。

5."跟你说了多少次不用你做，你又做不好。"

对于一些长辈已经力不能及的事，我们常常因为关心而制止，但是请不要说："跟你说了多少次不用你做，你又做不好。"你的关心和埋怨在他们眼里会变成一种挫败感和无力感，他们会觉得上了年纪的自己很没用，请记住，这种来自岁月的压力是任何人都不喜欢的，包括你的父母。

6."你们那老一套，现在早就过时了。"

不要小瞧父母的社会阅历和经验，也许他们的方法过时，但是只要能解决问题，就不必那么讲究，而如果他们的建议起不到作用，那么也不要就此埋怨，而是应该学会换一种回应方式。

7."说了别吃这些剩菜了，怎么老不听啊！"

有些话说和不说没多大区别，比如这句："说了别吃这些剩菜了，怎么老不听啊！"

即使你说了，他们仍然不会听你的，而且还会埋怨你浪费，其实长辈一辈子的节约习惯是很难改的，所以每次尽量少做点菜就好。